PROFESSOR ALBERT UND

DIE FASZINIERENDE WELT DER ELEKTRIZITÄT

Text: Sheddad Kaid-Salah Ferrón
Illustrationen: Eduard Altarriba
Aus dem Spanischen übersetzt von Ebi Naumann

KNESEBECK

Titel der Originalausgabe: *Mi primer libro de electromagnetismo*
Zuerst erschienen bei Editorial Juventud S.A., Barcelona

This edition published by agreement with Editorial Juventud, 2021.
www.editorialjuventud.es

Deutsche Erstausgabe

Projektleitung: Theresa Scholz, Knesebeck Verlag
Übersetzung: Ebi Naumann, Hamburg
Lektorat und Satz: Thomas Rath für booklab GmbH, München
Umschlagadaption: Leonore Höfer, Knesebeck Verlag
Herstellung: Arnold & Domnick, Leipzig
Druck: PNB Print SIA
Printed in Latvia

FSC www.fsc.org
MIX
Papier aus verantwortungsvollen Quellen
FSC® C084698

ISBN 978-3-95728-648-2

www.knesebeck-verlag.de

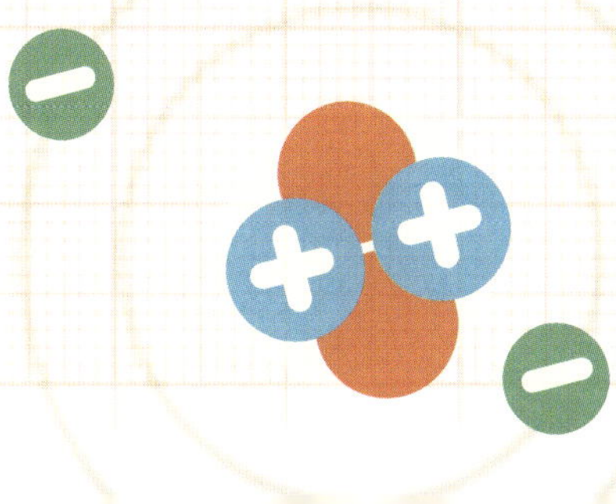

Ihr betretet euer Zimmer. Alles ist stockdunkel. Ihr tastet euch an der Wand entlang zum Lichtschalter. Kein Problem. Ihr wisst ja, wo er sich befindet. Und wirklich, in dem Moment, in dem ihr ihn betätigt, erstrahlt das Zimmer in hellem Licht – wie durch Zauberhand.

Heutzutage sind wir überall von Elektrizität und Magnetismus umgeben, und wir benutzen sie für fast alles. Ja, eigentlich geht kaum noch etwas ohne sie.

Wir nutzen Elektrizität und Magnetismus, um unsere Häuser und Straßen zu beleuchten, um auf Induktionsherden zu kochen, um unsere Lebensmittel zu kühlen, um unser Essen in der Mikrowelle zu erhitzen, um fernzusehen, um Computerspiele zu spielen und uns im Internet zu tummeln, um mit unseren Smartphones Nachrichten zu empfangen und zu senden, um Musik zu hören ... und, und, und.

Aber was ist ELEKTRIZITÄT eigentlich? Und was hat sie mit Magneten zu tun? Überhaupt – was ist MAGNETISMUS? Und die vielleicht interessanteste Frage: Wie hängt das alles mit dem LICHT zusammen?

Um diesen und anderen Fragen auf die Spur zu kommen, begeben wir uns in diesem Buch auf eine Expedition in die aufregende Welt des ELEKTROMAGNETISMUS.

HERZLICH WILLKOMMEN AUF UNSERER UNGLAUBLICHEN REISE!

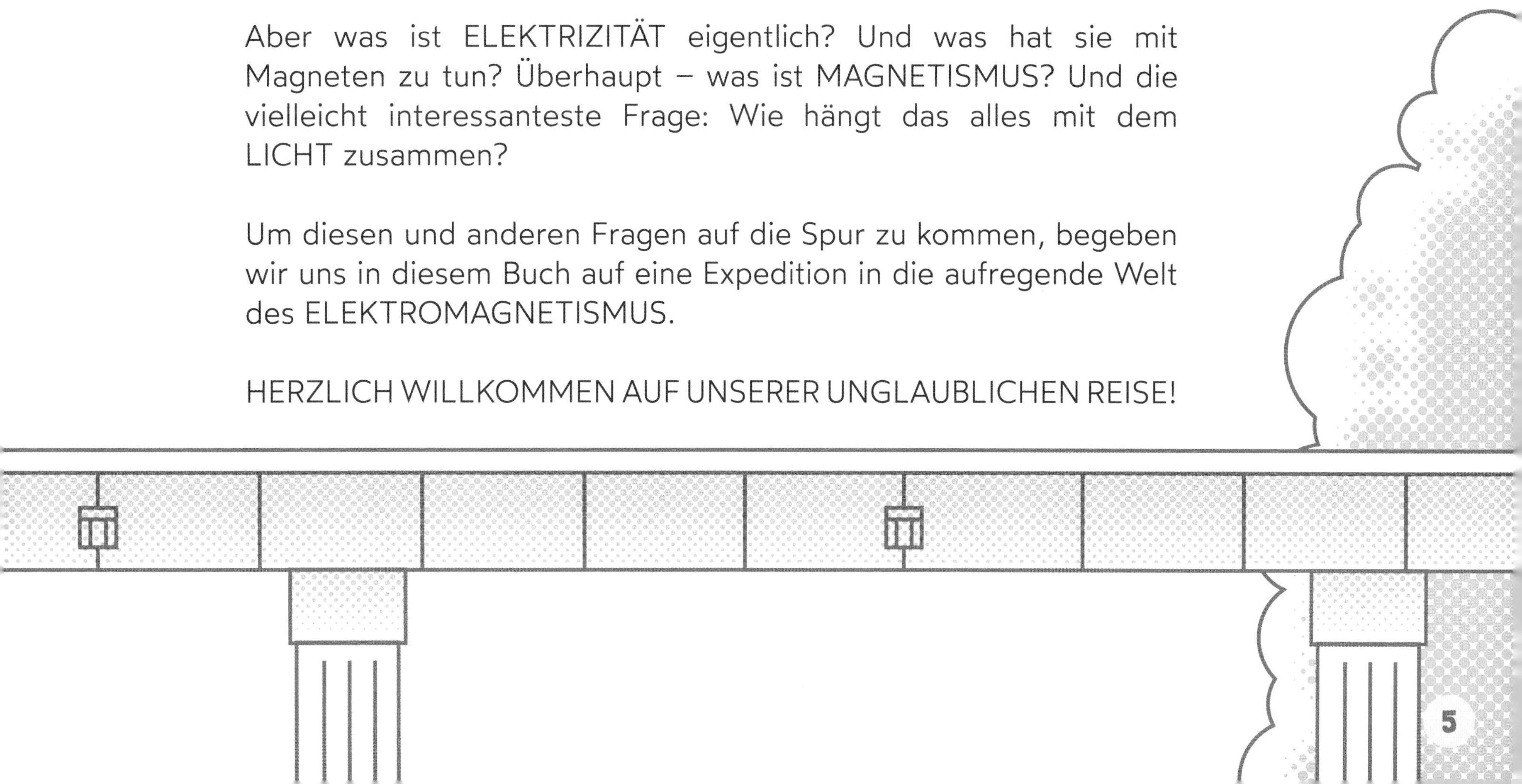

Bereits vor ungefähr 4800 Jahren wussten die alten Ägypter von elektrisch geladenen Fischen zu berichten. Dem Zitterwels z. B., der zu seiner Verteidigung elektrische Stromimpulse erzeugen konnte. Sie nannten ihn den „Nil-Donnerer“.

ELEKTRISCHE PHÄNOMENE

Die Wirkung von Elektrizität hat die Menschheit immer schon wahrgenommen, lange bevor man wusste, was sich dahinter verbarg.

Bereits im Altertum erlebten die Menschen, was Elektrizität in der Atmosphäre bewirken kann, vor allem in Form von BLITZEN, eine der spektakulärsten Naturerscheinungen überhaupt. Um sich diese erklären zu können, mussten sie jedoch zunächst auf ihre Mythologie zurückgreifen.

Etwa 600 v. Chr. machte der griechische Philosoph Thales von Milet eine Entdeckung. Er strich mit einem Stück Bernstein über ein Fell und bemerkte, dass er dadurch eine geheimnisvolle Kraft erzeugte, die kleine Strohstückchen anzog.
(Bernstein ist versteinertes Baumharz. Seine griechische Bezeichnung lautet „Elektron". Das ist der Ursprung des Wortes „Elektrizität".)

Um diese Erscheinungen oder Phänomene zu verstehen, sehen wir uns an, was das eigentlich ist, die **ELEKTRIZITÄT.**

Die geheimnisvolle „elektrische" Kraft sorgt auch dafür, dass unsere Haare angezogen werden, wenn wir uns mit einem Plastikkamm durchs Haar fahren.

ELEKTRISCHE LADUNG

Die ELEKTRISCHE LADUNG ist eine physikalische Eigenschaft von Materie und die Erklärung für alle elektrischen Phänomene, die wir beobachten können.

FRANKLINS PORTRÄT ZIERT JEDEN HUNDERT-DOLLAR-SCHEIN.

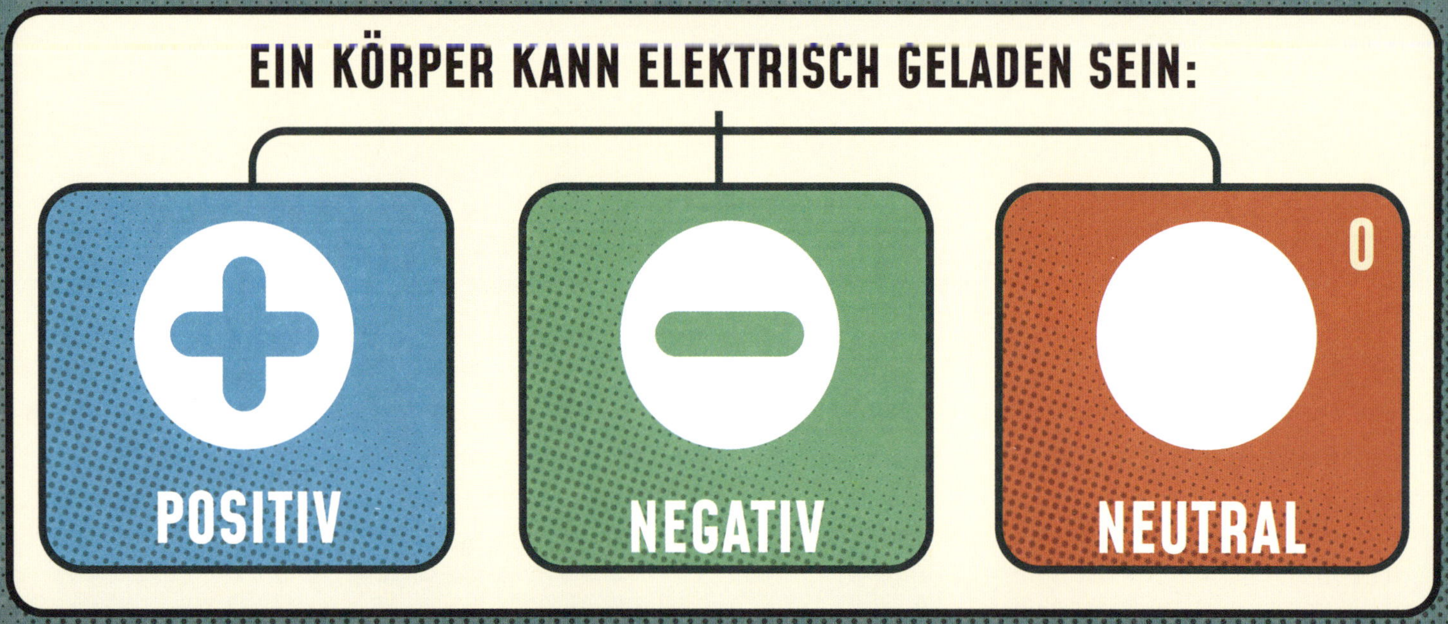

Der erste Mensch, der der elektrischen Ladung aufgrund einer Reihe von Experimenten auf die Spur kam, war der amerikanische Physiker **BENJAMIN FRANKLIN** (1706–1790).

Mithilfe zweier Glasstäbe, zweier Stäbe aus Bernstein (oder Plastik) und einem Seidentuch können wir diese Experimente nachmachen.

Halten wir zwei Stäbe einfach so zusammen, passiert nichts. Keine Kraft macht sich bemerkbar. Aber was passiert, wenn wir die Stäbe am Seidentuch reiben?

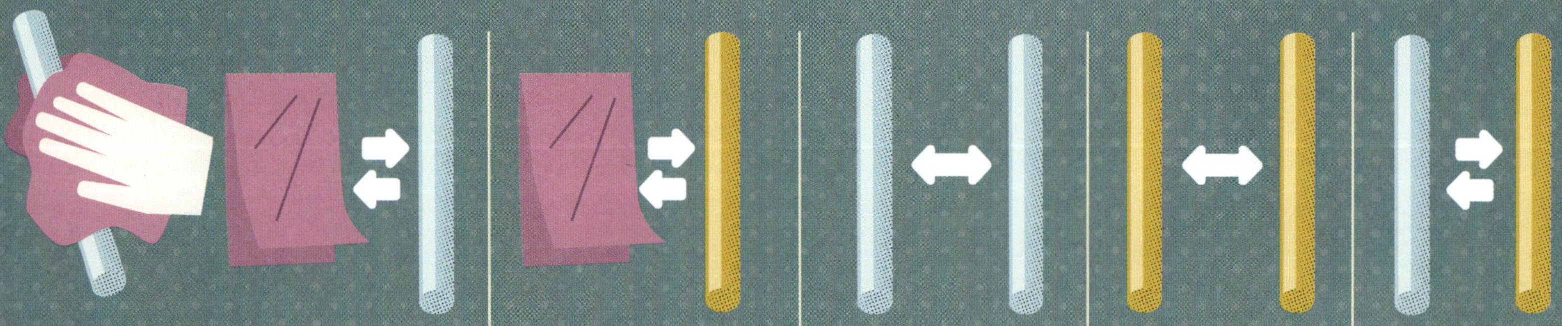

Reiben wir den Glasstab an der Seide, sehen wir, dass eine Kraft Stab und Tuch gegenseitig anzieht, sobald wir sie zusammenführen.

Das gleiche passiert, wenn wir den Stab aus Bernstein mit dem Seidentuch abreiben.

Reiben wir zwei Glasstäbe an der Seide, entsteht eine Kraft, die die beiden Stäbe auseinanderdrückt: Sie stoßen sich gegenseitig ab.

Das gleiche passiert, wenn wir statt der beiden Glasstäbe zwei Stäbe aus Bernstein oder Plastik nehmen.

Führen wir jedoch einen Stab aus Glas und einen aus Bernstein zusammen, nachdem wir sie zuvor an der Seide gerieben haben, zieht eine Kraft sie gegenseitig an.

Aus diesen Experimenten folgerte Franklin:

Materie hat eine Eigenschaft (er nennt sie elektrische Ladung), die die elektrischen Phänomene erklärt.

Die Ladung muss neutralen Objekten innewohnen, aber sie entsteht erst, wenn wir diese reiben.

Es gibt zwei Ladungsarten mit unterschiedlichen Vorzeichen:

POSITIV + und **NEGATIV −**

Elektrische Ladungen üben eine Kraft auf andere elektrische Ladungen aus:

Haben die Ladungen verschiedene Vorzeichen,

ZIEHEN SIE SICH AN.

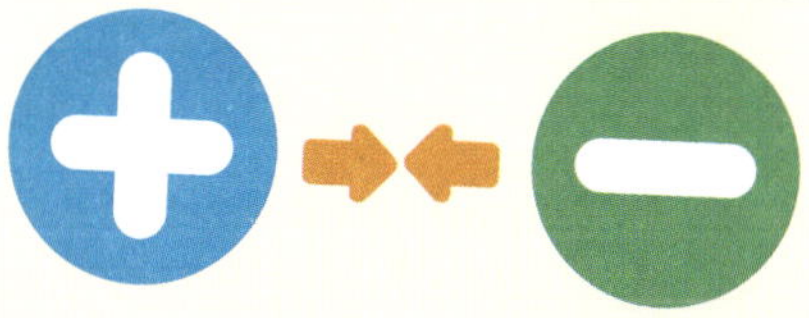

Haben die Ladungen gleiche Vorzeichen,

STOSSEN SIE SICH AB.

Aber wo kommt die Ladung her, wenn weder Glas noch Bernstein noch Seide geladen sind, bevor wir sie reiben?

TEILCHEN UND LADUNG

Fast die gesamte bekannte Materie besteht aus **ATOMEN.**

ATOME sind winzige Teilchen, die ihrerseits aus noch kleineren Teilchen bestehen: aus Protonen, Neutronen und Elektronen.

Sie sind die Bausteine, aus denen alles gemacht ist: z. B. euer Haar, der Planet Mars, eure Nasenspitze und die Luft, die ihr atmet.

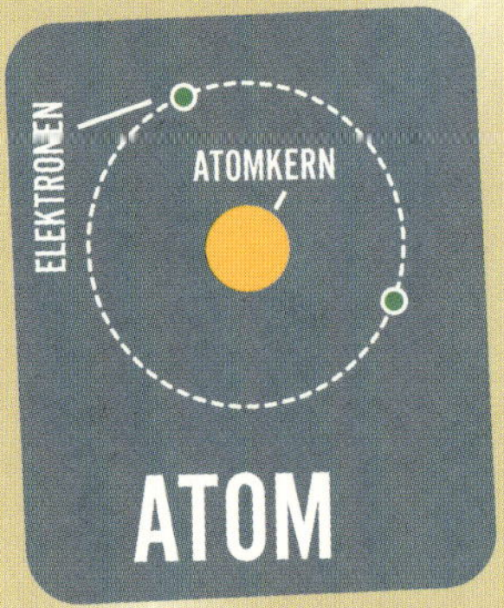

PROTONEN und NEUTRONEN befinden sich im ATOMKERN. Ihre Masse (ihr Gewicht) ist fast gleich groß.

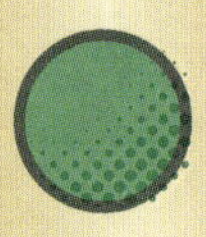

ELEKTRONEN sind sehr leichte Teilchen, die um den Atomkern kreisen (oder schwärmen). Die Masse eines Elektrons ist 2000-mal kleiner als die eines Protons oder Neutrons.

Damit ihr eine Ahnung bekommt, wie klein ein Atom ist: Es gibt etwa 100.000.000.000.000.000.000 (hunderttausend Trillionen) Atome in einem Tropfen Wasser.

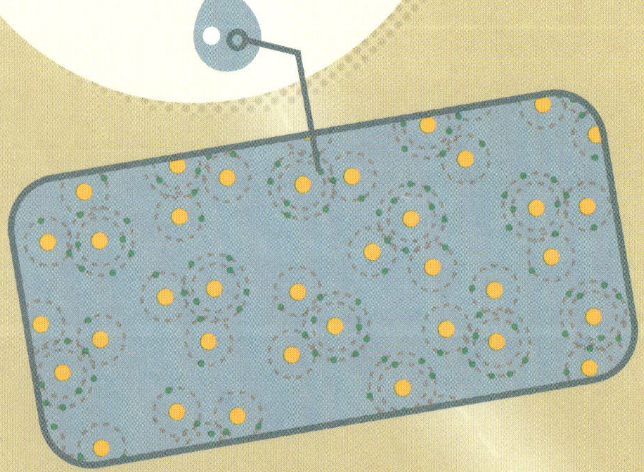

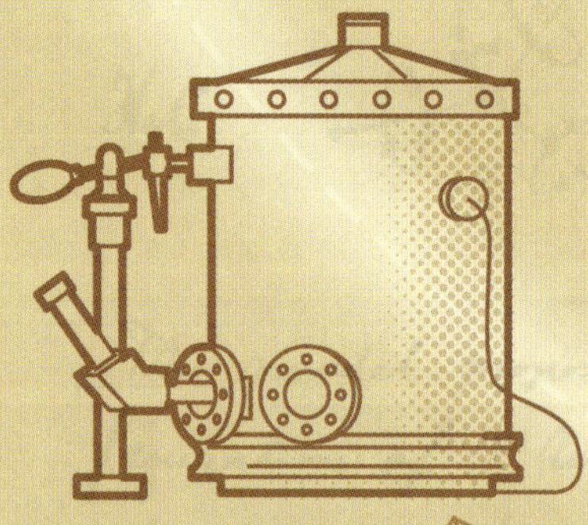

Der US-amerikanische Physiker Robert A. Millikan (1868–1953) hat als Erster ein Experiment durchgeführt, um die Ladung eines Elektrons zu messen (Elementarladung).

Und dazu benutzte er so eine Maschine!

Noch mal: Elektrische Ladung ist eine der Materie innewohnende Eigenschaft. Einige Teilchen haben sie, andere nicht.

Aber aufgepasst: Wir können einem Teilchen weder Ladung zufügen noch wegnehmen. Jedes Teilchen ist, wie es ist.

Protonen haben eine positive elektrische Ladung.

Neutronen haben keine elektrische Ladung. Sie sind NEUTRAL – daher ihr Name.

ATOMKERN

Elektronen haben eine negative elektrische Ladung.

ELEKTRONEN UND PROTONEN HABEN EINE GLEICH GROSSE LADUNG, ABER EIN ANDERES VORZEICHEN.

Also ziehen sie sich an.

e

Die elektrische Ladung von Elektronen ist am geringsten. Sie heißt ELEMENTARLADUNG. Ihr Formelzeichen lautet „e".

Die elektrische Ladung eines Objekts entspricht der Summe der in ihm enthaltenen Elementarladungen, z.B.:

$q = -2e$ $q = +10e$ $q = -1.000.000e$

„q" ist das Formelzeichen für Ladung.

STATISCHE AUFLADUNG

Entspricht die Anzahl von Elektronen der der Protonen, beträgt die elektrische Ladung null, das heißt, sie ist NEUTRAL.

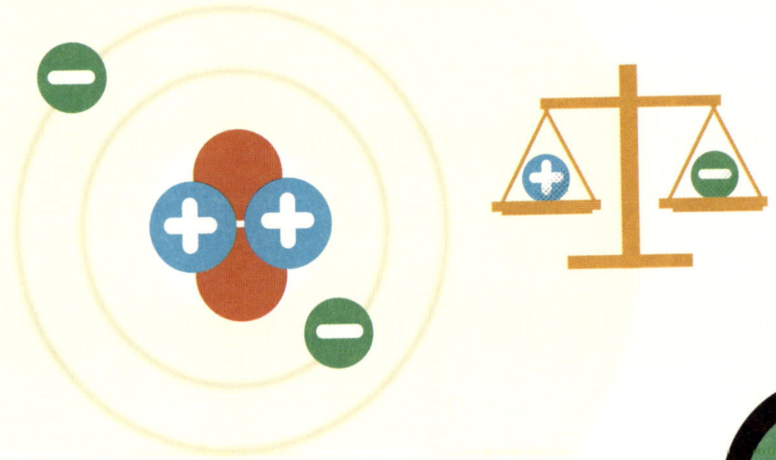

Ist das Gleichgewicht gestört, kommt es zur STATISCHEN AUFLADUNG.

Verliert ein Atom Elektronen oder gewinnt es welche hinzu, wird es zum ION.

Hier sind die PROTONEN in der Unterzahl.

Ein Atom mit einem Überschuss an Elektronen ist NEGATIV geladen.

(Es ist ein negativ geladenes Ion.)

Hier sind die ELEKTRONEN in der Unterzahl.

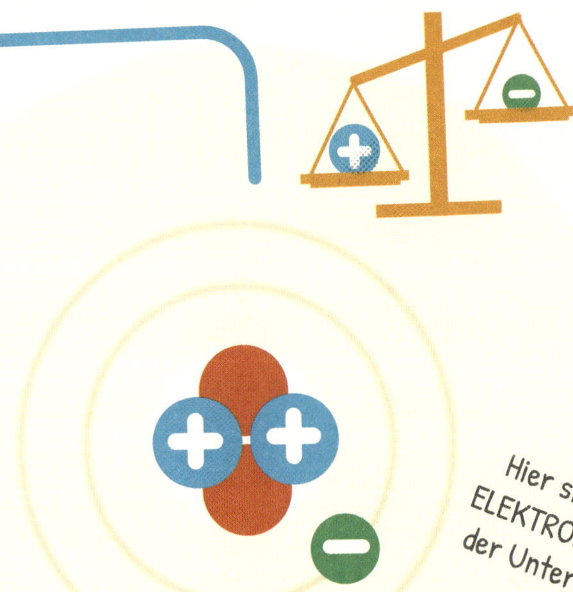

Ein Atom mit einem Mangel an Elektronen ist POSITIV geladen.

(Es ist ein positiv geladenes Ion.)

Jetzt, da wir wissen, dass elektrische Ladungen aus den Atomen kommen, können wir auch unsere Experimente besser verstehen:

Reiben wir einen Glasstab an einem Seidentuch, sorgen wir dafür, dass ein paar Elektronen vom Glas zur Seide „überspringen".

Dadurch laden sich beide Stoffe auf. Der Glasstab gibt Elektronen ab und ist jetzt positiv geladen q+, während der Seidenstoff diese Elektronen dazugewinnt und sich negativ auflädt q-.

Reiben wir jedoch den Bernsteinstab an der Seide, geschieht genau das Gegenteil. Diesmal gibt die Seide Elektronen an den Bernstein ab und ist dadurch positiv geladen q+, während der Bernsteinstab sich gleichzeitig negativ auflädt q-.

LEITER und ISOLATOREN

Es gibt Stoffe, z. B. die Metalle, in denen sich einige Elektronen frei bewegen können. Diese Stoffe nennt man LEITER.

In Stoffen wie Holz oder Plastik sind die Elektronen so sehr an die Atome gefesselt, dass sie sich nicht frei bewegen können. Diese Stoffe nennen wir ISOLATOREN.

Nicht alle Elektronen können sich frei in den Stoffen bewegen.

GESAMTLADUNG BLEIBT ERHALTEN

Wir haben gesehen, dass Atome die gleiche Anzahl von Elektronen und Protonen haben. Das heißt, ihre elektrische Ladung ist gleich null: ***SIE SIND NEUTRAL.***

Nimmt man ein Objekt (z. B. unseren Glasstab) und entfernt 10 Elektronen, ist es positiv geladen. Die Ladung beträgt q = +10e.

Aber wo sind die 10 Elektronen, die wir dem Glas entzogen haben, geblieben? Sie befinden sich im Seidentuch, das nun negativ geladen ist. Seine Ladung beträgt q = -10e.

Gesamt q = Glas q + Seide q = + 10e - 10e = 0

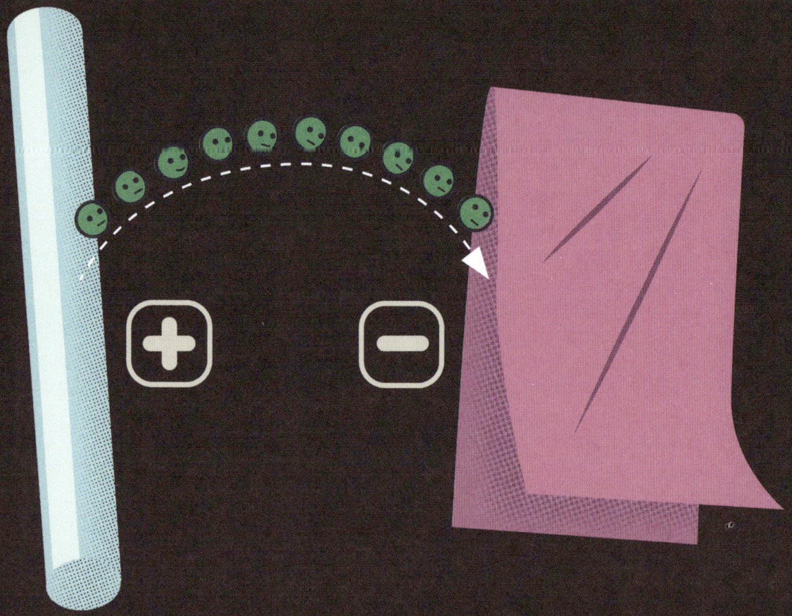

Ladungserhaltungsgesetz

Im Prozess der statischen Aufladung bleibt die Gesamtzahl der Elektronen und Protonen unverändert. Wir teilen sie bloß neu auf.

Die Ladung kommt nicht aus dem Nichts und verschwindet auch nicht einfach so. Mit anderen Worten:
Elektrische Ladung wird weder erzeugt noch vernichtet.

Durch seine Experimente erkannte Benjamin Franklin, dass Ladung erhalten bleibt.

Objekte sind grundsätzlich neutral. Erst wenn wir zwei Objekte aneinanderreiben, übertragen wir Elektrizität vom einen zum anderen. Dann sind beide im gleichen Maße geladen, eines positiv und das andere negativ.

Dieses Prinzip oder Gesetz ist einer der wenigen Erhaltungssätze im Universum. Deshalb ist es auch so wichtig.

Thor, der Donnergott, beim Addieren und Subtrahieren elektrischer Ladungen

Elektrisch betrachtet ist die Welt neutral: Sie besteht aus genauso vielen positiven wie negativen Ladungen. Würde jemand alle positiven Ladungen zusammenzählen und dann alle negativen davon abziehen, käme null dabei raus.

DAS ELEKTROSKOP

Instrument, mit dem man elektrische Ladungen nachweisen und messen kann

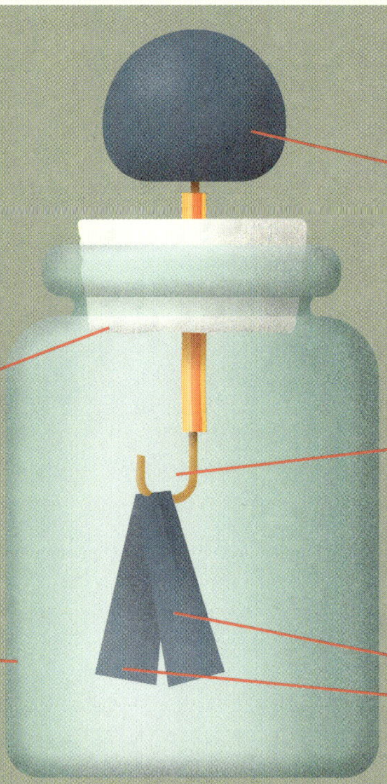

Ball aus leitendem Material, der so vom Rest der Apparatur isoliert ist, dass elektrische Ladungen nicht entweichen können

Deckel aus nichtleitendem Material, der die Apparatur isoliert

Stange aus leitendem Material

Behälter

Zwei leitende Metallblättchen, die im ungeladenen Zustand eng beieinander hängen

Reibungsladung

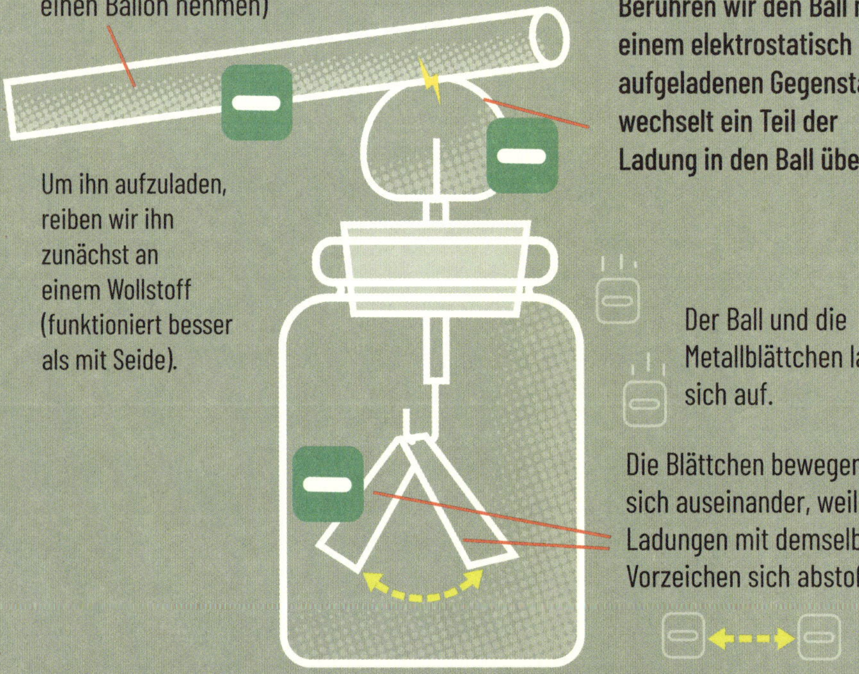

Negativ geladener Plastikstab (man kann auch einen Ballon nehmen)

Um ihn aufzuladen, reiben wir ihn zunächst an einem Wollstoff (funktioniert besser als mit Seide).

Berühren wir den Ball mit einem elektrostatisch aufgeladenen Gegenstand, wechselt ein Teil der Ladung in den Ball über.

Der Ball und die Metallblättchen laden sich auf.

Die Blättchen bewegen sich auseinander, weil Ladungen mit demselben Vorzeichen sich abstoßen.

Entfernen wir den geladenen Gegenstand, bleibt das Elektroskop geladen. Erst wenn wir die Metallkugel mit einem neutralen Gegenstand berühren, entlädt sich das Elektroskop komplett und wird wieder neutral (die Blättchen nähern sich wieder an).

Induktionsladung

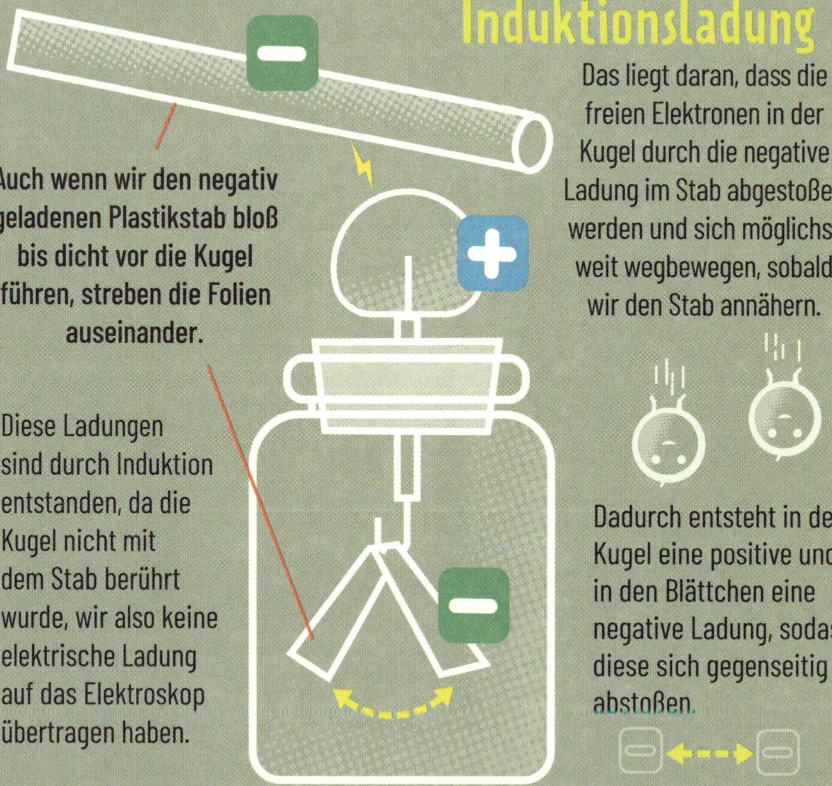

Auch wenn wir den negativ geladenen Plastikstab bloß bis dicht vor die Kugel führen, streben die Folien auseinander.

Diese Ladungen sind durch Induktion entstanden, da die Kugel nicht mit dem Stab berührt wurde, wir also keine elektrische Ladung auf das Elektroskop übertragen haben.

Das liegt daran, dass die freien Elektronen in der Kugel durch die negative Ladung im Stab abgestoßen werden und sich möglichst weit wegbewegen, sobald wir den Stab annähern.

Dadurch entsteht in der Kugel eine positive und in den Blättchen eine negative Ladung, sodass diese sich gegenseitig abstoßen.

Sobald wir den Stab wegnehmen, breiten die Elektronen sich wieder in Stange und Kugel (dem Leiter) aus, und die Blättchen hängen wieder runter.

BAUANLEITUNG: ELEKTROSKOP

Wir können uns selbst ein Elektroskop bauen.

Was brauchen wir?

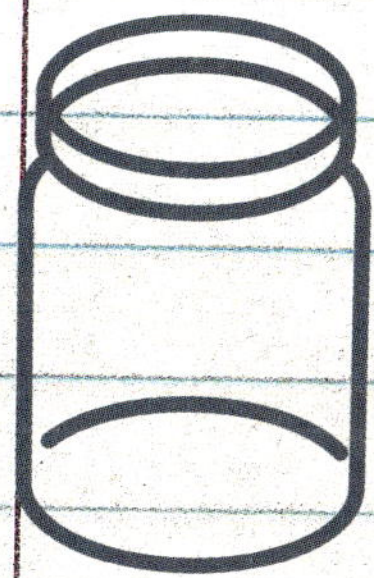

Glasbehälter
(z. B. ein Honigglas)

Styropor

Alufolie

Kupferdraht
(auch ummantelter Elektrodraht, dessen Enden man freilegt)

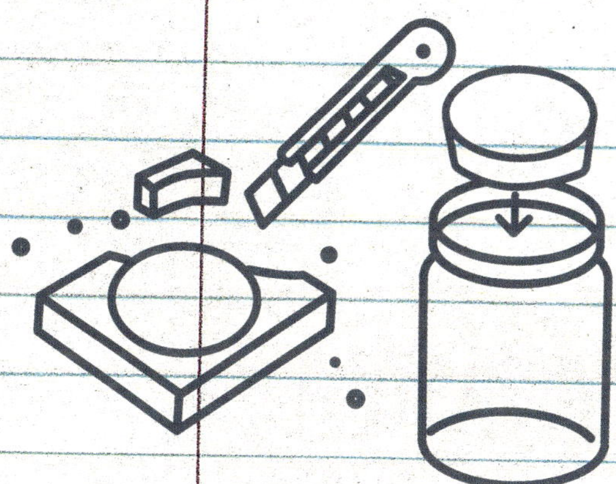

1 Styropor so ausschneiden, dass es das Glas verschließt.

2 Die beiden Alublättchen ausschneiden.

3 Eine Kugel aus Alufolie formen.

4 Den Kupferdraht durch den Styropordeckel stoßen.

5 Die Alublättchen ans untere Ende des Drahts hängen.

6 Die Alufolienkugel am oberen Drahtende befestigen.

7 Das Glas fest mit dem Styropordeckel verschließen.

Fertig ist unser Elektroskop!

EXPERIMENTE MIT BALLONS

JETZT SPIELEN WIR EIN BISSCHEN MIT DER ELEKTRIZITÄT.

Bevor wir mit den Experimenten beginnen, müssen wir den aufgeblasenen Luftballon an unseren Haaren reiben. Dadurch lädt er sich mit Elektronen auf (die er von unseren Haaren „bekommt“) und wird negativ geladen.

Haarsträubend

Hältst du jemandem den Ballon an den Kopf, werden die Haare vom Ballon angezogen.

Schnipseljagd

Verteile einige Papierschnipsel auf einem Tisch. Kommst du mit dem geladenen Ballon in deren Nähe, „sammelt“ er sie auf.

Elektroskop-Test

Kommst du mit dem geladenen Ballon in die Nähe der Alukugel, streben die Alublättchen auseinander. Wenn du die Kugel mit dem Ballon berührst und ihn dann wieder entfernst, bleiben die Blättchen in ihrer Stellung, denn das Elektroskop bleibt aufgeladen.

ELEKTRISCHE KRAFT ZWISCHEN ZWEI LADUNGEN

Charles Augustin de Coulomb (1736–1806) war ein französischer Physiker und Mathematiker, der die Elektrizität erforscht hat.

Durch seine Experimente entdeckte er, dass es eine „elektrische" Kraft (F) zwischen zwei Ladungen gibt, die auf einer geraden Linie von einer Ladung auf die andere wirkt.

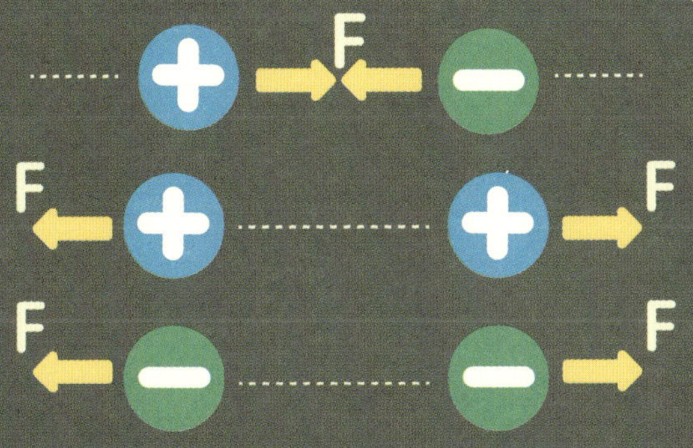

Haben die Ladungen dasselbe Vorzeichen, ist die Kraft abstoßend, haben sie unterschiedliche Vorzeichen, ist sie anziehend.

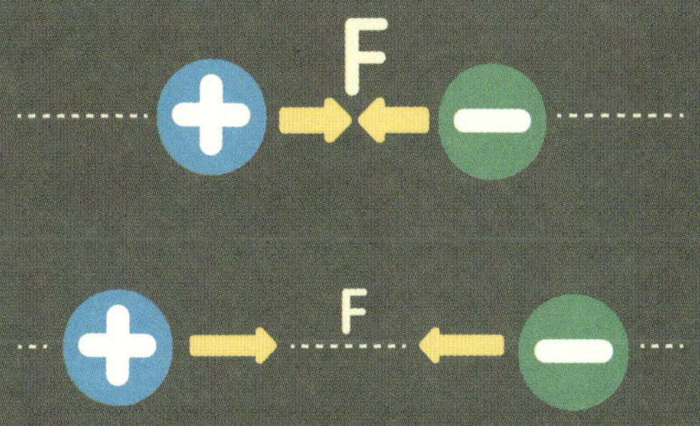

Je näher sich die Ladungen kommen, desto stärker ist die Kraft zwischen ihnen. Entfernen sie sich voneinander, nimmt die Kraft dementsprechend ab.

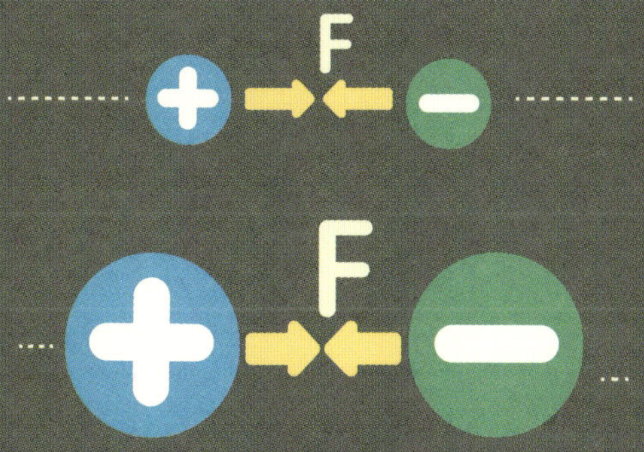

Und je größer die Ladung, desto stärker die Kraft.

ELEKTRISCHES FELD

Die Vorstellung, dass elektrische Kraft aus der Ferne wirkt, ist ziemlich verblüffend. Um zu erklären, warum die elektrische Kraft keinen Kontakt zwischen den Ladungen braucht, ist die Vorstellung hilfreich, dass sich um eine elektrische Ladung ein Raum befindet und dass, wenn wir eine weitere Ladung in diesen Raum bringen, diese eine Kraft auf die erste Ladung ausübt, ohne dass sich die beiden Ladungen berühren.

Diesen Raum nennen wir ELEKTRISCHES FELD, und das Symbol dafür ist der Buchstabe E.

Wir können ein elektrisches Feld durch Feld- oder Kraftlinien darstellen:

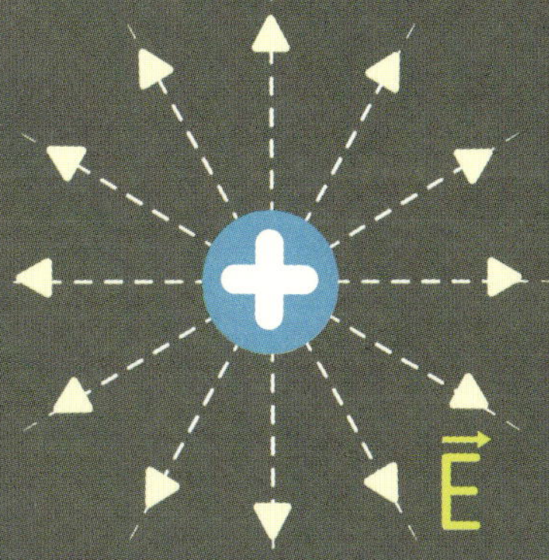

Bei positiven Ladungen streben die Linien von innen nach außen.

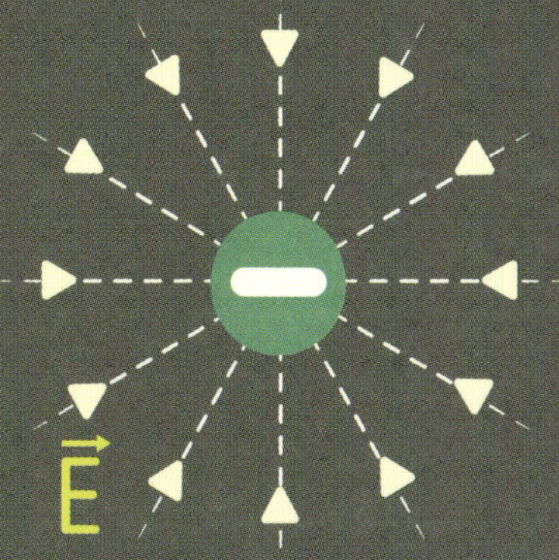

Bei negativen Linien kommen die Linien von außen nach innen.

ELEKTRISCHER STROM

Elektrischer Strom entsteht, wenn elektrische Ladungen sich innerhalb einer Substanz bewegen.

Als Ladungen bezeichnen wir freie Elektronen in einem Leiter. Damit sie sich bewegen, müssen sie von etwas angezogen oder abgestoßen werden.

Wie gesagt: Ladungen mit unterschiedlichen Vorzeichen ziehen sich an, solche mit gleichen Vorzeichen stoßen sich ab.

Um Elektronen in einem Metalldraht (einem aus Kupfer z. B.) in Bewegung zu versetzen, könnte man ihn an einem Ende mit einer positiven Ladung, am anderen mit einer negativen Ladung verbinden.

So würden die (negativ geladenen) Elektronen von der positiven Ladung angezogen und von der negativen abgestoßen. Sie würden sich im Draht in Bewegung setzen, und wir hätten **ELEKTRISCHEN STROM**.

STROMKREIS

Spannungsquelle

Produziert an einem Pol positive, am anderen negative Ladung. Sei es als Batterie oder aus der Steckdose.

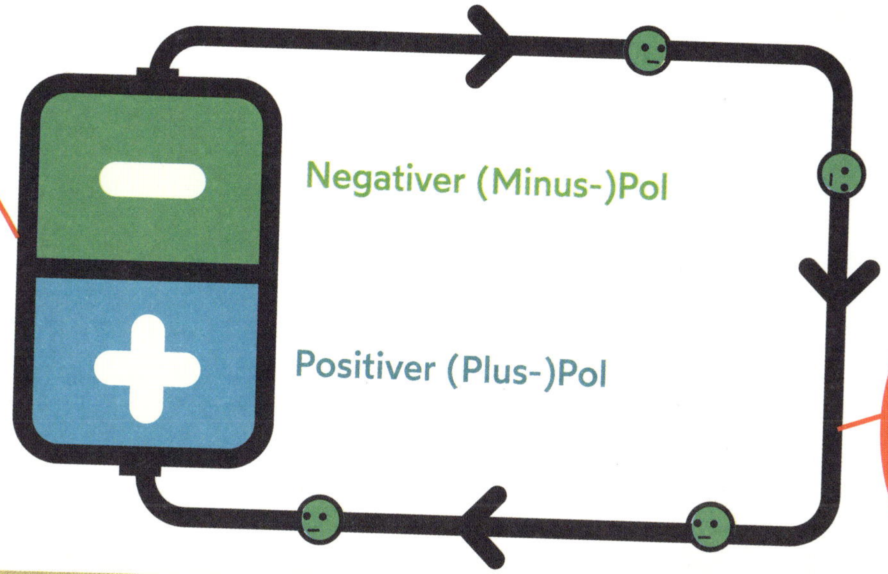

ELEKTRISCHER STROM fließt durch einen LEITER.

Seite 13

ELEKTRISCHE SPANNUNG

Elektrische Spannung erzeugt Strom.
Je stärker die positive und negative Ladung ist, an die wir einen Stromkreis anschließen, desto schneller bewegen sich die Elektronen, weil sie mit größerer Kraft von den Polen angezogen bzw. abgestoßen werden. Das heißt, auch der elektrische Strom wird stärker.

AUS EINER STECKDOSE KOMMT STARKSTROM. ALSO STECKT NIEMALS EURE FINGER HINEIN!

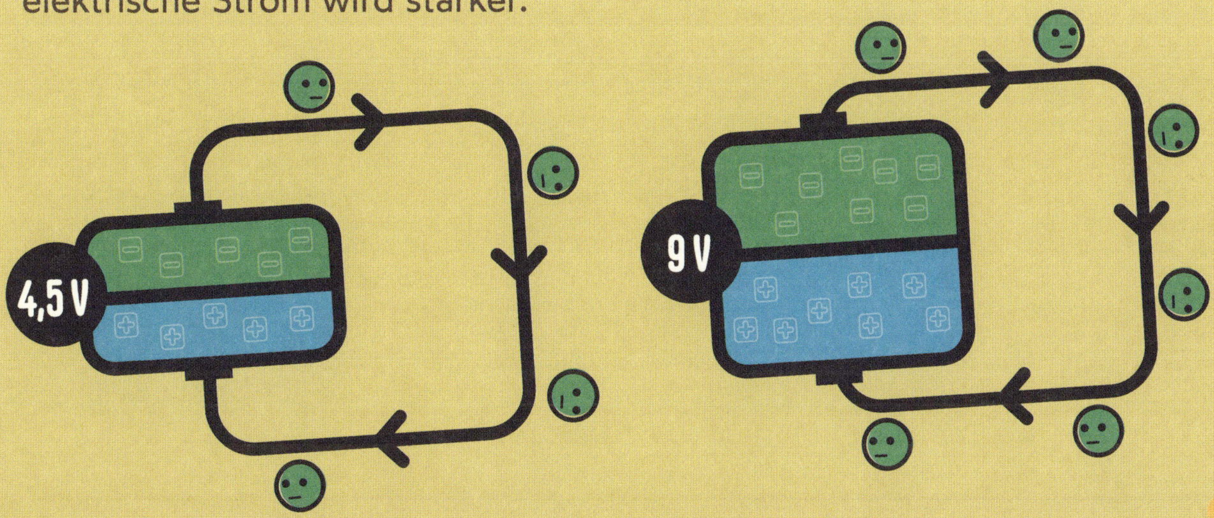

ELEKTRISCHE SPANNUNG wird in der Einheit Volt (V) angegeben und hängt von der Größe des Unterschieds an positiver und negativer Ladung zwischen den beiden Polen ab. Sie bestimmt die Energie, die die Elektronen mitbekommen.

BATTERIEN

Es gibt sie in allen möglichen Typen und Größen, und sie sind überall: in Smartphones, Taschenlampen, Autos usw. Wir nutzen sie, um elektrische Energie zur Verfügung zu haben.

Eine elektrische Batterie speichert chemische Energie und wandelt sie in elektrischen Strom um.

In einer ELEKTROCHEMISCHEN ZELLE werden chemische Reaktionen dazu genutzt, elektrische Energie zu erhalten.

Um eine elektrochemische Zelle herzustellen, brauchen wir zwei chemische Elemente, z. B. Kupfer (Cu) und Aluminium (Al) sowie eine Flüssigkeit, die Elektrizität leitet (ein Elektrolyt), in unserem Fall Salzwasser.

Verbindet man die beiden Metallplatten miteinander, verlieren die Aluminiumatome Elektronen, die durch das Kabel zu den Kupferatomen wandern.

Die elektrischen Ladungen bewegen sich ständig durch den Elektrolyten, sodass ein geschlossener Stromkreis entsteht.

Diese Bewegung der Elektronen zwischen den zwei Metallen erzeugt den ELEKTRISCHEN STROM.

Einige Batterien sind aus vielen elektrochemischen Zellen zusammengesetzt.

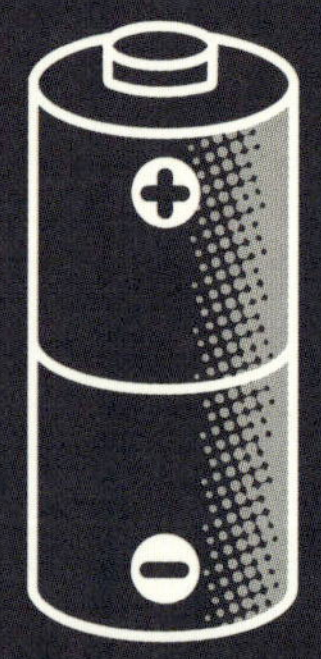

Andere bestehen aus einer einzigen elektrochemischen Zelle, die etwas komplizierter ist.

BAUANLEITUNG: BATTERIE

1800 stellte Alessandro Volta die voltasche Säule vor, die erste elektrische Batterie. Sie bestand aus aufeinanderliegenden Kupfer- und Zinkplättchen, die jeweils durch mit Salzwasser getränkte Pappstücke voneinander getrennt waren. Wurden die beiden Pole der Säule oder Batterie miteinander verbunden, entstand elektrischer Strom.

Was brauchen wir?

Eisen-Kupfer-Münzen (1, 2, oder 5 Cent) | Pappe | Alufolie | Klebeband | Leuchtdiode (LED) | Elektrodraht | Ein Glas Salzwasser

1 Pappstückchen ausschneiden (so groß wie die Münzen).

2 Pappstückchen in das Glas mit Salzwasser legen.

3 Alufolie in Streifen schneiden und auf die Größe der Münzen zusammenfalten.

4 Ein Ende des Drahts ans Klebeband heften und eine Münze, ein Pappstückchen und die Alufolie aufeinandertürmen.

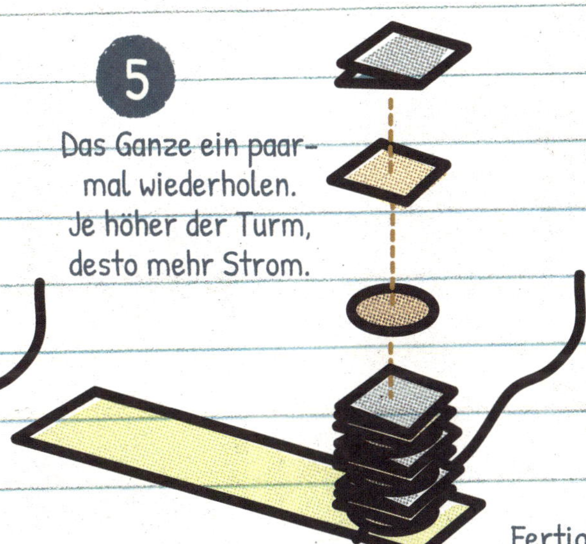

5 Das Ganze ein paarmal wiederholen. Je höher der Turm, desto mehr Strom.

6 Einen zweiten Draht oben drauflegen, und das ganze Gebilde mit Klebeband umwickeln.

7 Fertig! Ihr müsst nur noch die LED an die beiden Drahtenden halten.

Magnetismus

Magnetismus ist eine Naturerscheinung, die einige Stoffe anzieht oder abstößt.

Ihr habt sicher schon mal mit einem MAGNETEN gespielt.

Ein Magnet ist ein Gegenstand, der Metalle (z. B. Eisen) oder andere Magnete „aus der Ferne“ anziehen kann.

Der griechische Philosoph Thales von Milet (ca. 624–546 v. Chr.) studierte die Elektrizität ebenso wie das Phänomen des Magnetismus.

Natürliche Magnete

Um 800 v. u. Z. war im antiken Griechenland, in der Region Magnesia (auf die das Wort Magnet zurückgeht), bekannt, dass es Steine gibt, die Eisen anziehen. Man nannte sie MAGNETISCHE Steine. Sie bestehen aus Magnetit, einem Mineral mit magnetischen Eigenschaften, das in dieser Gegend gefunden wurde.

MAGNETE

Ein Magnet hat einen NORDPOL und einen SÜDPOL.

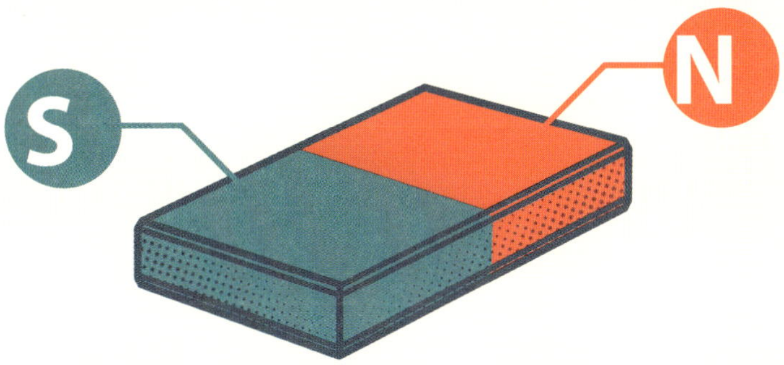

Nähern wir die gleichen Pole zweier Magnete, egal ob Nord- oder Südpol, einander an, stoßen diese sich gegenseitig ab, während die unterschiedlichen Pole sich gegenseitig anziehen.

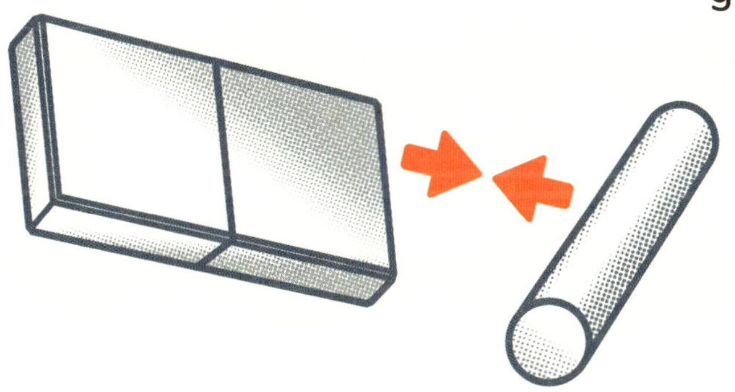

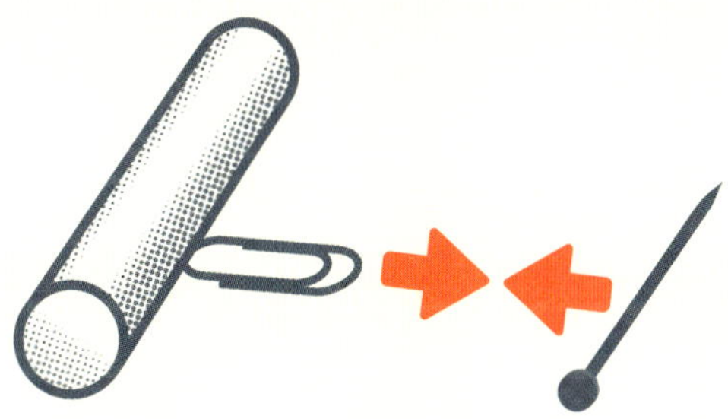

Kommen wir mit einem Magneten in die Nähe eines Eisenstabs, wird dieser angezogen, egal mit welchem Pol wir uns ihm annähern.

Der Eisenstab ist vom Magneten „magnetisiert" worden und wird eine Zeit lang selbst zum Magneten, mit einem eigenen Nord- und Südpol. Nun kann er selbst andere Gegenstände aus Eisen anziehen.

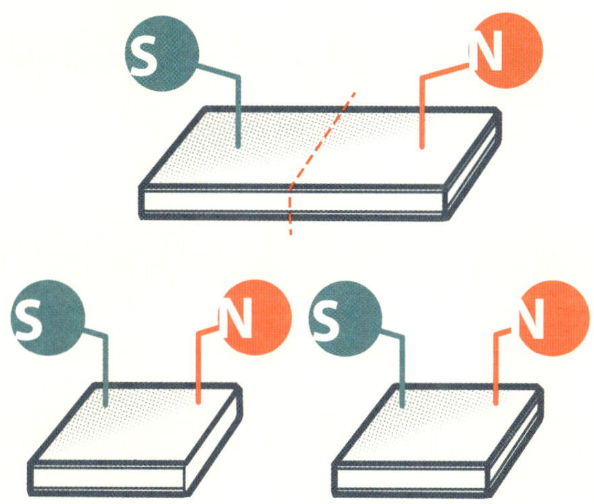

Wir haben gesehen, dass geladene Gegenstände bloß eine Art von Ladung haben können – entweder eine positive oder eine negative.

Magnete hingegen können nicht nur eine Art von Ladung haben, sie haben immer zwei Pole, einen Nord- und einen Südpol.

Aufgrund dieser Eigenschaft passiert bei Magneten etwas Merkwürdiges: Teilen wir einen Magneten in zwei Hälften, erhalten wir zwei Magnete mit je einem positiven und einem negativen Pol.

DAS MAGNETFELD EINES MAGNETEN

EXPERIMENT MIT EISENFEILSPÄNEN

Eisenfeilspäne sind winzige Eisenteilchen.

- Schüttet ein Häufchen Eisenfeilspäne auf ein Blatt Papier – einfach so, wie's kommt.

- Haltet ihr jetzt einen Magneten unter das Blatt Papier, passiert etwas Merkwürdiges.
- Sobald der Magnet in Position ist, bewegen sich die Späne, richten sich aus und nehmen in etwa die Form an, die ihr auf der Zeichnung sehen könnt.

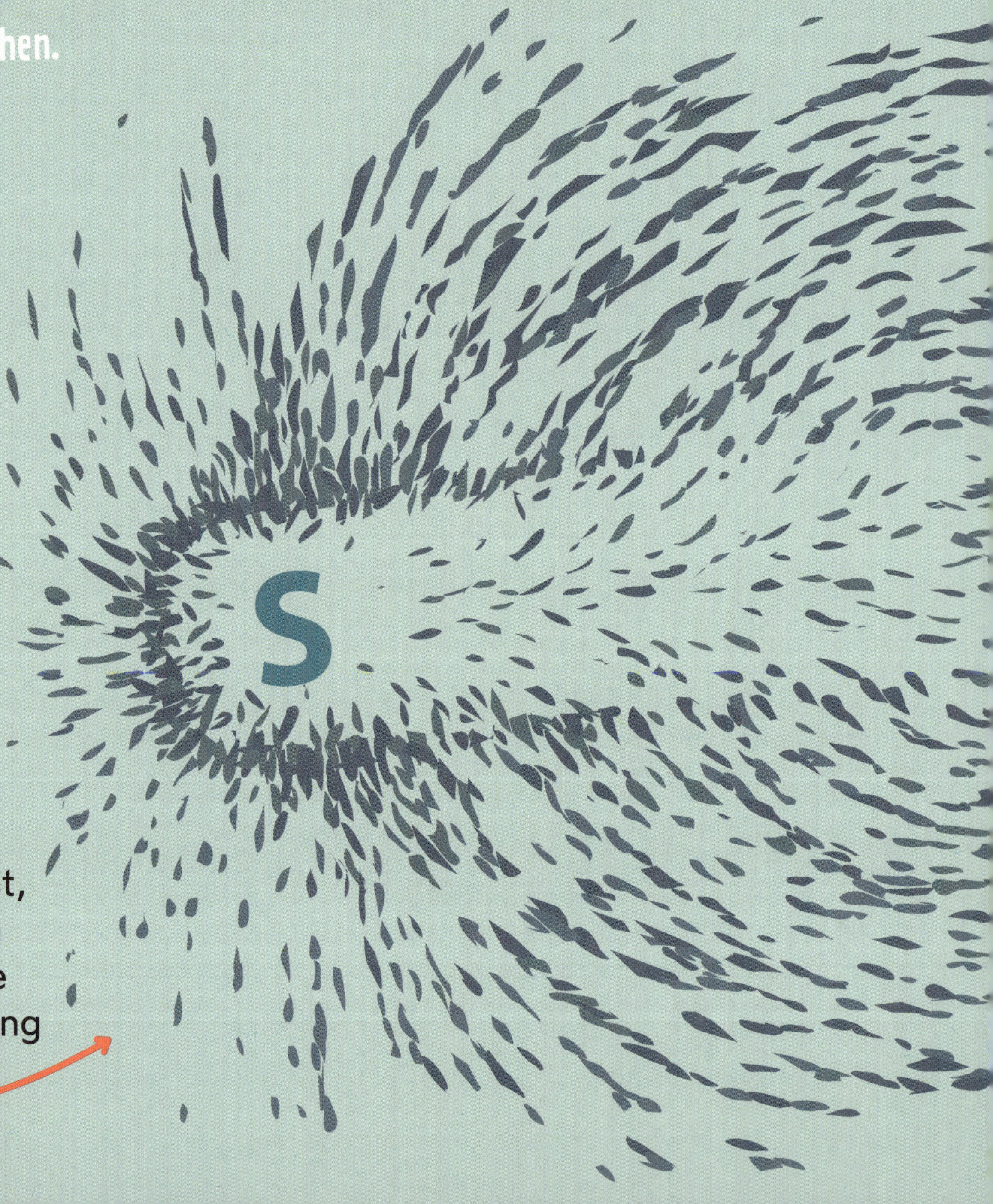

Die Eisenfeilspäne zeigen uns die KRAFTLINIEN des MAGNETFELDS des Magneten.

Dieses Muster verschafft uns eine Ahnung davon, wie die Kraft auf die Späne einwirkt.

Dort, wo die Kraftlinien dichter verlaufen, ist das Magnetfeld (B) stärker, wo sie lockerer verteilt sind, schwächer.

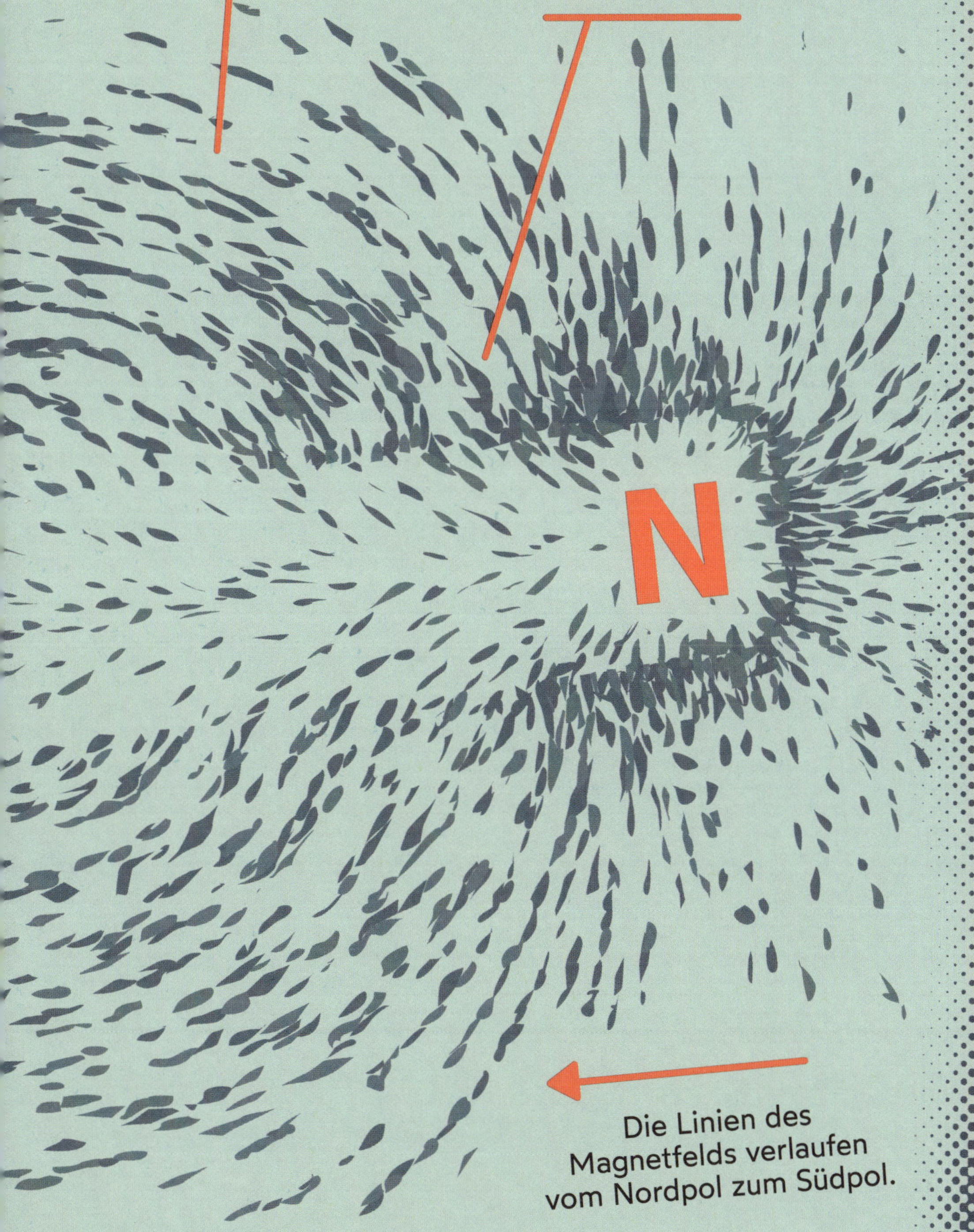

Die Linien des Magnetfelds verlaufen vom Nordpol zum Südpol.

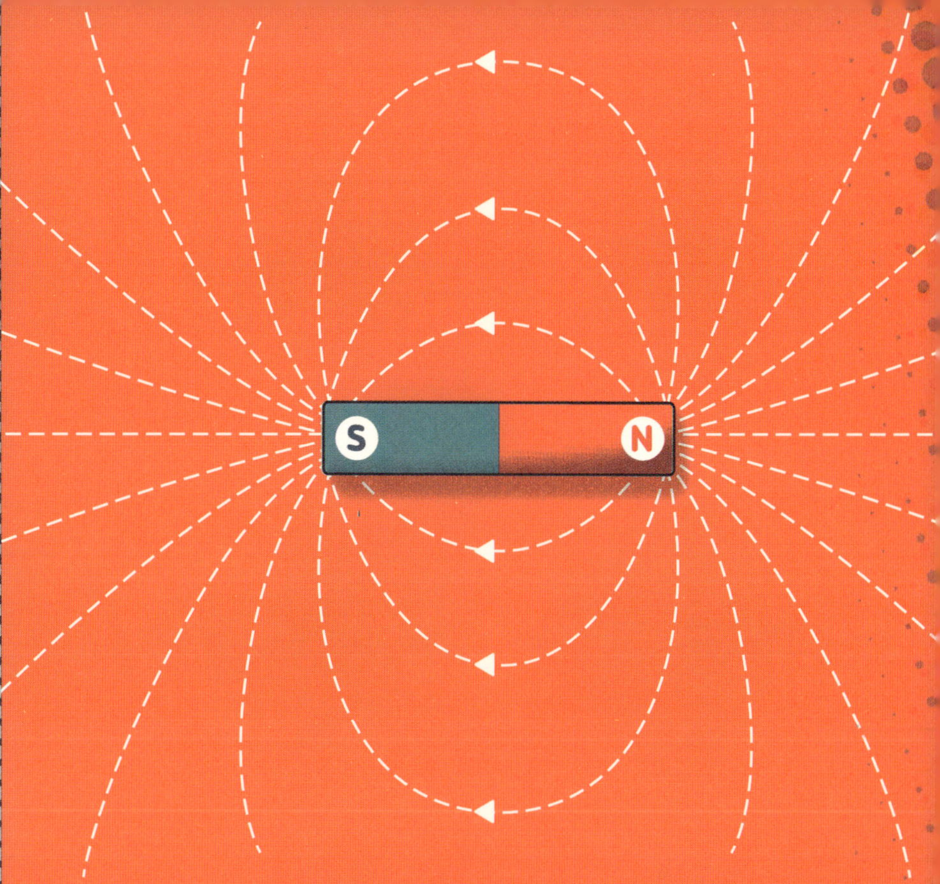

Die **Kraft-** oder **Feldlinien** werden vom Magneten erzeugt und sind, obwohl sie unsichtbar sind, immer da. Sichtbar werden sie nur durch die Eisenfeilspäne.

Der Raum, in dem Magnete ihre Kraft ausüben (repräsentiert durch die Kraftlinien), ist das

MAGNETFELD.

Wir bezeichnen es mit dem Symbol B.

Die Erde ist ein riesiger Magnet

Das Erdinnere verhält sich wie ein Magnet, der das Erdmagnetfeld erzeugt.

Wie alle Magnete hat es einen Nord- und einen Südpol, und seine Achse verläuft leicht geneigt zur Erdachse ganz in deren Nähe.

Das Feld wird im äußeren Erdkern erzeugt, einer Masse aus geschmolzenem Eisen und Nickel. Da sich diese flüssige Metallmenge bewegt, erzeugt sie elektrische Ströme, die wiederum das Magnetfeld erzeugen.

DER KOMPASS

Eine Kompassnadel ist ein Magnet, der sich (wie alle Magnete) ausrichtet, wenn er in ein Magnetfeld gerät. Das Erdmagnetfeld sorgt dafür, dass die magnetische Kompassnadel immer in dieselbe Richtung zeigt: zum magnetischen Nordpol.

Der Kompass zeigt immer zum magnetischen Nordpol, und deswegen benutzen wir ihn zur Orientierung.

Anscheinend waren chinesische Seefahrer die Ersten, die einen Kompass zur Navigation benutzten.

Tatsächlich können wir Kompasse in jedem Magnetfeld einsetzen, nicht nur in dem der Erde. Platziert man einen Kompass neben einem Magneten, spielt er verrückt, da er sich an dessen Polen orientiert. Probiert es mal am Magneten der Kühlschranktür aus oder am Smartphone oder Tablet, in denen sich ebenfalls Magnete befinden.

Da unsere Magnetnadeln nach Norden zeigen und gleichnamige Pole sich bekanntlich abstoßen, müsste der magnetische Nordpol eigentlich Südpol heißen. Achtet auf die Richtung der Kraftlinien.

Wenn wir uns mit einem Kompass am Nord- oder Südpol orientieren wollten, gäbe es ein Problem: Die Nadel würde sich wegen der auseinanderstrebenden Kraftlinien des Magnetfelds im Kreis drehen.

Es war William Gilbert (1544–1603), der 1600 entdeckte, dass die Erde ein natürlicher Magnet mit magnetischen Polen in der Nähe unseres geografischen Nord- und Südpols ist.

Der magnetische Nordpol bewegt sich!

Das Magnetfeld der Erde ist mindestens 3,4 Milliarden Jahre alt. Aber der magnetische Norden befand (und befindet) sich nicht immer am selben Platz: Die Bewegung der Metalle im äußeren Erdkern sorgt dafür, dass er sich verschiebt.

Zu den merkwürdigen Ereignissen im Verlauf der Geschichte unserer Erde gehört, dass sich ihre magnetischen Pole ab und zu umgekehrt haben und dass sich das wahrscheinlich auch in Zukunft wieder ereignen wird. Aber keine Sorge: nicht in den nächsten 50 bis 100 Generationen!

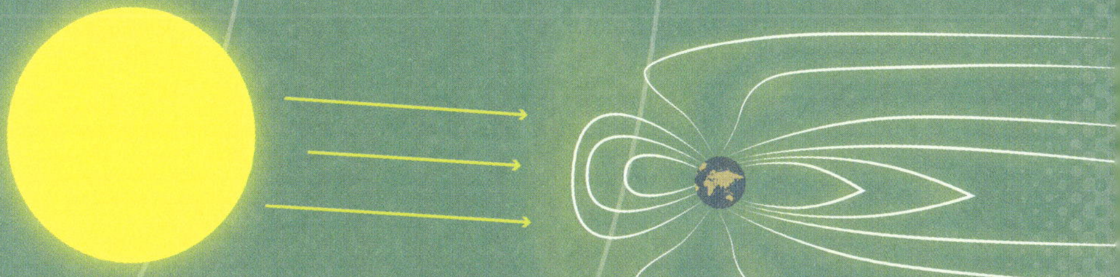

Das Magnetfeld ist unser Schutzschild

Als Magnetosphäre bezeichnet man die Hülle, die die Erde umgibt und in der das Erdmagnetfeld für einen Schutzschild sorgt, der uns vor dem Sonnenwind schützt, einem Strom elektrisch geladener Teilchen, der von der Sonne ausgeht. Außerdem schützt sie uns noch vor der kosmischen Strahlung, hochenergetischen Teilchen, die sehr schnell (teilweise nahezu mit Lichtgeschwindigkeit) aus der Milchstraße und fernen Galaxien auf uns zurasen.

Ohne diesen Schutz wäre das Leben auf der Erde viel härter.

Elektrizität erzeugt Magnetismus

Hans Christian Ørsted (1777–1851) war ein dänischer Physiker und Chemiker, der bei seinen Experimenten den Zusammenhang zwischen Elektrizität und Magnetismus entdeckte.

Im Jahr 1820 führte er ein Experiment durch, das sich für die Physik als sehr wichtig erweisen sollte.

Ørsted führte einen Kompass in die Nähe eines mit einer Batterie verbundenen leitenden Drahtes.

Als er einen elektrischen Strom durch den Draht leitete, sah er, dass die **Magnetnadel des Kompasses ihre Richtung änderte, sodass sie nun rechtwinklig** zu dem Draht stand, durch den der Strom floss.

Dieses Experiment bewies also, dass elektrischer Strom, der durch einen Leiter fließt, ein Magnetfeld erzeugt.

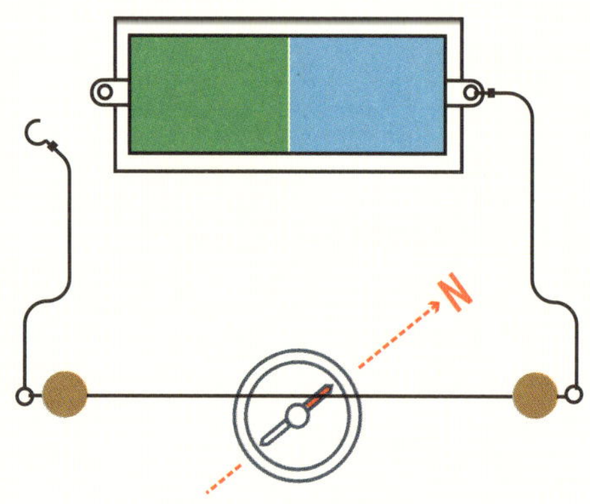

Wenn kein Strom fließt, zeigt der Kompass zum magnetischen Nordpol.

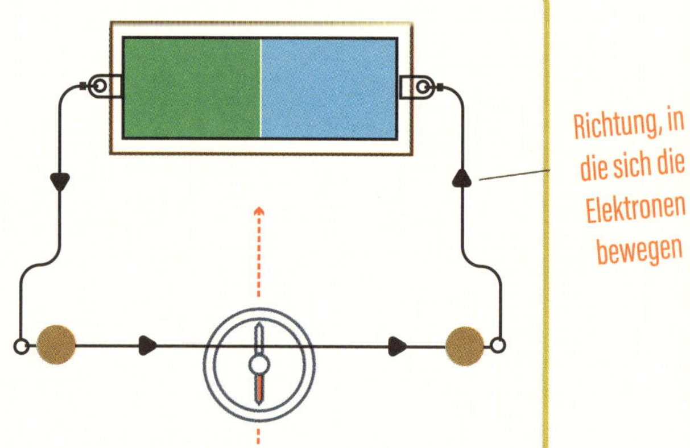

Fließt Strom durch den Draht, zeigt der Kompass im rechten Winkel zum Draht.

Ørsteds Experiment zeigte, dass ein Zusammenhang zwischen Elektrizität und Magnetismus besteht.

Vergesst nicht, dass man damals noch glaubte, Elektrizität und Magnetismus wären zwei verschiedene Phänomene und hätten nichts miteinander zu tun.

Das war die Geburtsstunde des ELEKTROMAGNETISMUS!

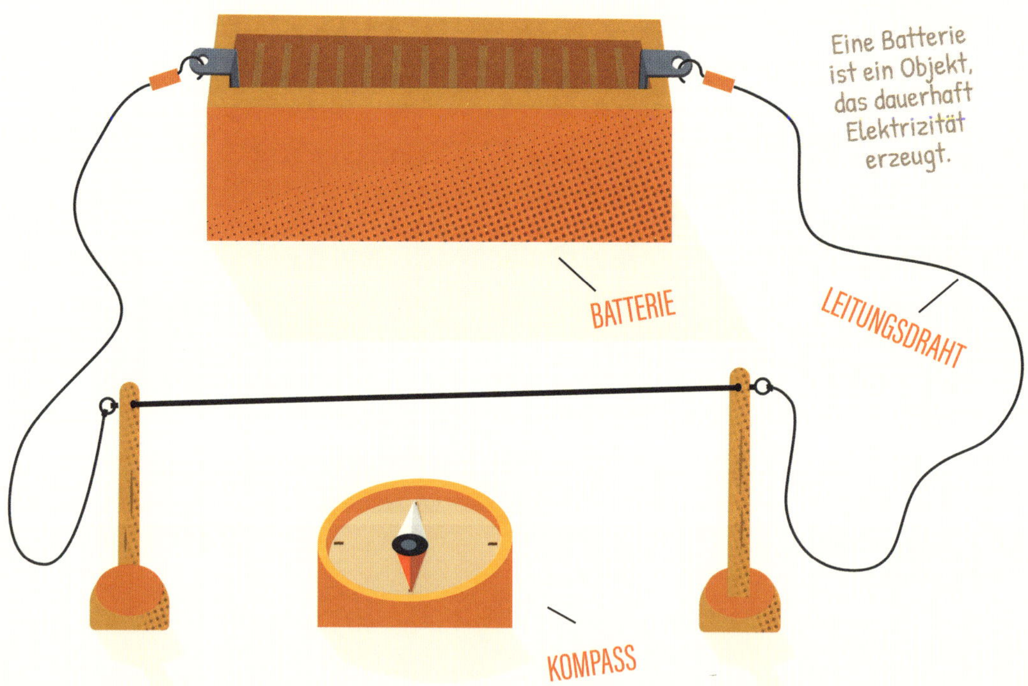

André-Marie Ampère (1775–1836) war ein französischer Physiker und Mathematiker. Als er von Ørsteds Arbeit erfuhr, interessierte ihn der Zusammenhang zwischen Elektrizität und Magnetismus so sehr, dass er anfing, ihn näher zu erforschen.

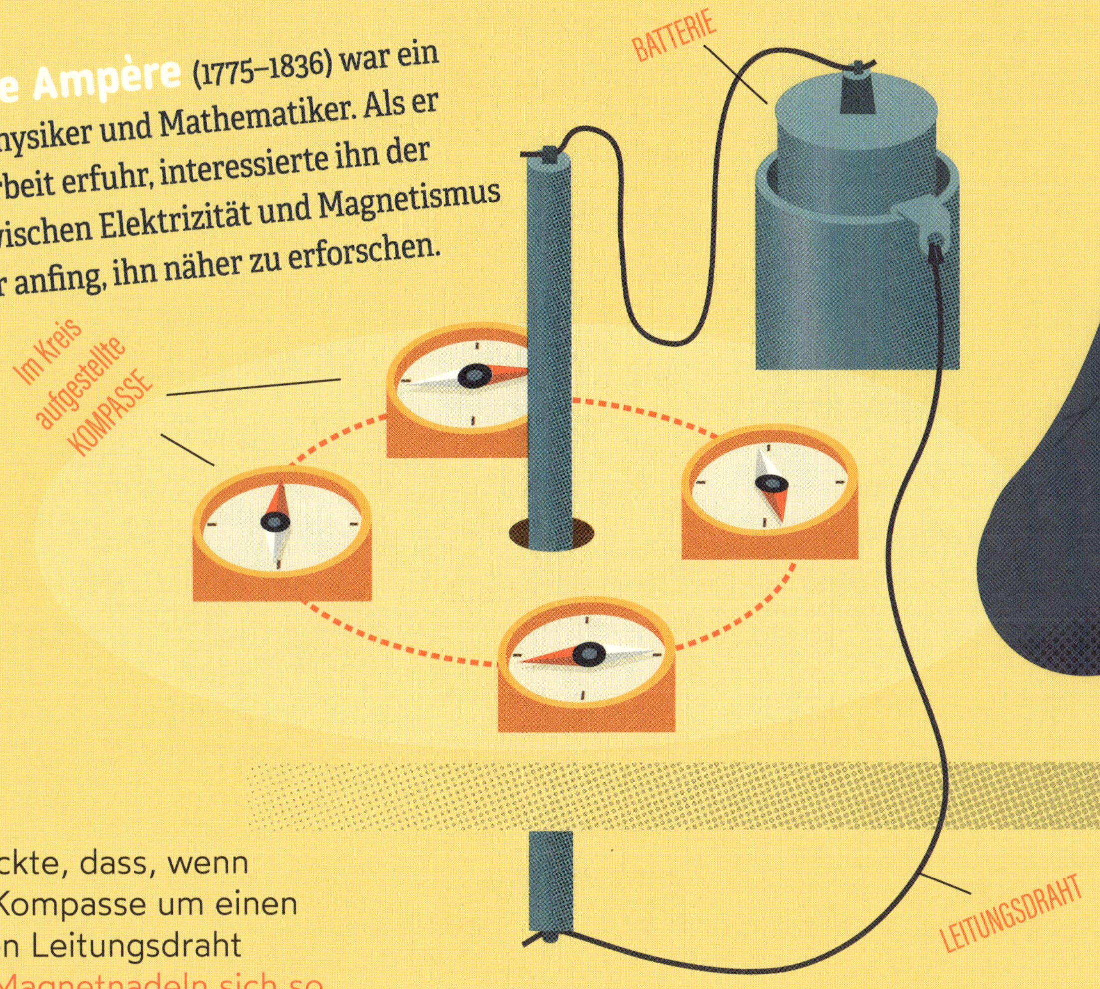

Mit den aus seinen Experimenten gewonnenen Daten entdeckte Ampère das Verhältnis zwischen Elektrizität und Magnetismus.

Ampère entdeckte, dass, wenn man mehrere Kompasse um einen stromführenden Leitungsdraht platziert, ihre Magnetnadeln sich so ausrichten, dass sie einen Kreis um den Draht bilden.

Mit anderen Worten: Fließt ein elektrischer Strom durch einen Draht, entsteht ein Magnetfeld um ihn herum. Die Kraftlinien des Feldes bilden konzentrische Kreise um den Leiter.

Gleichzeitig stellte Ampère fest, dass sich die Kompassnadeln in die entgegengesetzte Richtung orientieren, wenn der Draht andersherum an die Batterie angeschlossen wird und der Strom in umgekehrter Richtung fließt.

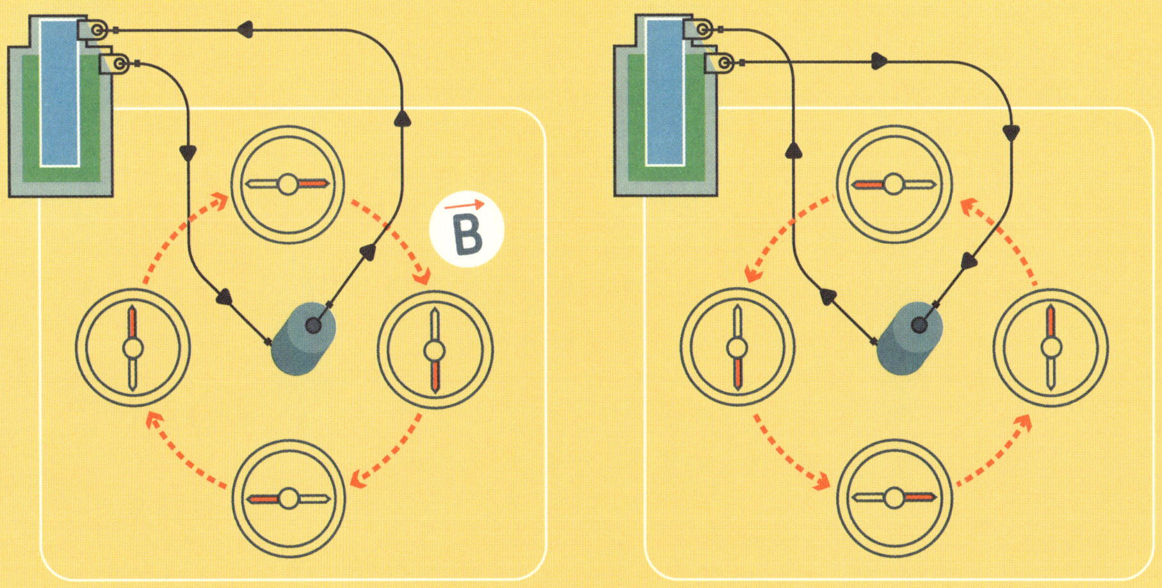

Bedenkt man, dass elektrischer Strom nichts anderes ist als elektrische Ladung in Bewegung, heißt das:

Jede fließende elektrische Ladung erzeugt ein Magnetfeld.

Elektromagnete

Nachdem wir nun wissen, dass wir mit Elektrizität Magnetfelder erzeugen können, ist klar, dass ein Elektromagnet ein von einem elektrischen Strom erzeugter Magnet ist.

Wenn wir Ørsteds Experiment durchführen und elektrischen Strom durch einen kreis- oder spiralförmigen Draht schicken, sieht unser Magnetfeld wie folgt aus:

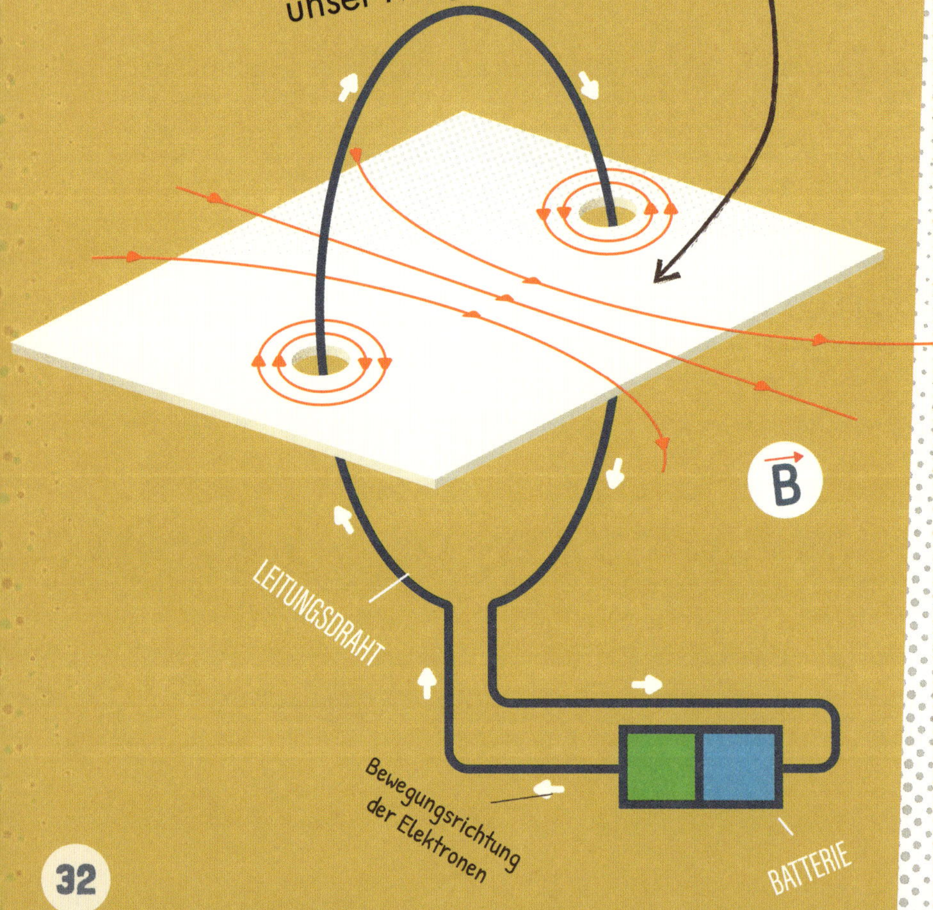

Eine Magnetspule ist (ähnlich wie eine Feder) eine zu mehreren Spiralen aufgerollte Spule aus Leitungsdraht.

Was passiert, wenn wir einen elektrischen Strom durch eine Magnetspule schicken? Ganz einfach: Wir erzeugen ein Magnetfeld, das dem eines natürlichen Magneten ähnelt.

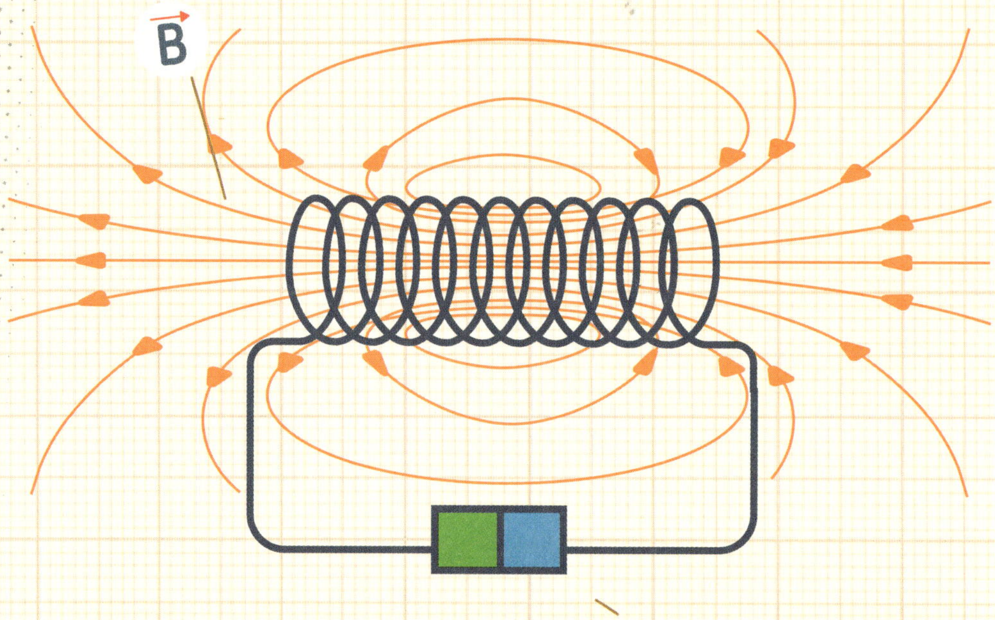

Das heißt, wir haben einen ELEKTROMAGNETEN.

Je stärker der Strom, desto größer ist die Kraft des durch den Elektromagneten erzeugten Magnetfelds.

Und – na klar – stellen wir den Strom ab, bricht auch das Magnetfeld zusammen.

Schieben wir einen Eisenstab in die Magnetspule und schicken einen elektrischen Strom hindurch, wird das Eisen magnetisch und erzeugt ein noch größeres Magnetfeld.

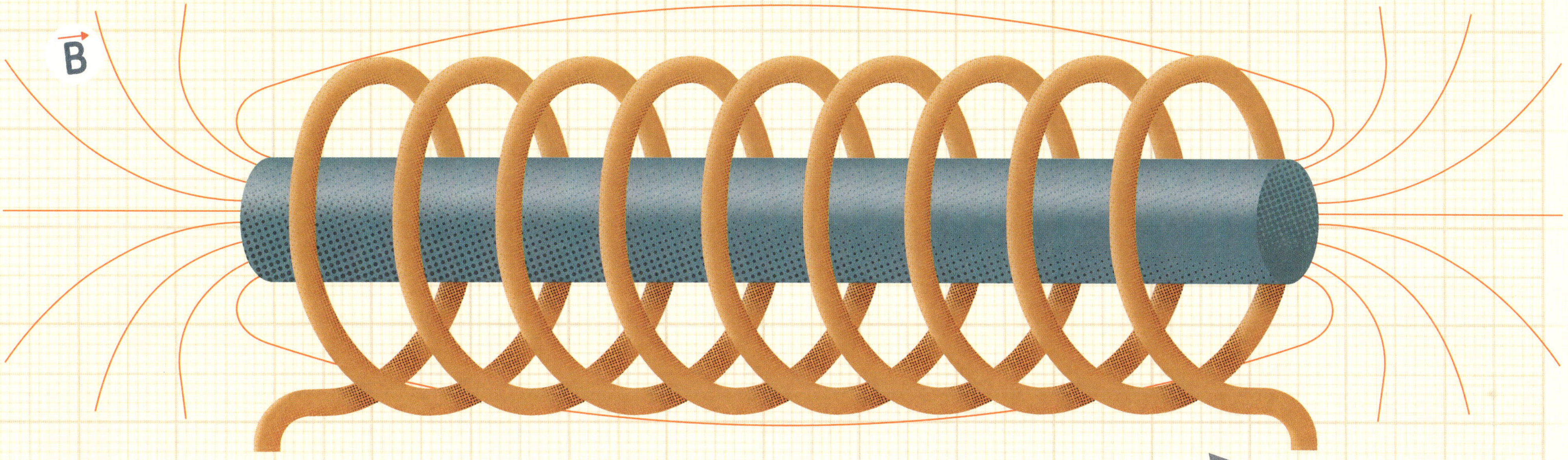

Je mehr Spiralen die Spule hat, desto größer das Feld.

Der Hauptvorteil eines Elektromagneten besteht darin, dass wir das Magnetfeld je nach der Strommenge schnell verändern können.

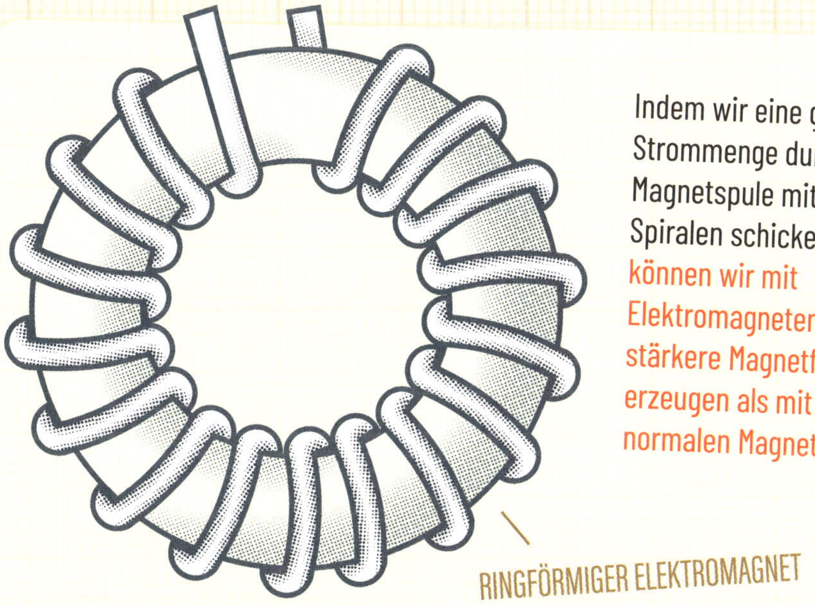

Indem wir eine große Strommenge durch eine Magnetspule mit vielen Spiralen schicken, können wir mit Elektromagneten viel stärkere Magnetfelder erzeugen als mit normalen Magneten.

Elektromagnete werden als Bauteile in Generatoren, Lautsprechern, Festplatten und vielen anderen elektrischen Geräten verwendet.

Auch um schwere Sachen wie Metallschrott, Eisen und Stahl zu bewegen, benutzt man Elektromagnete. Ja, sogar um Magnetschwebebahnen anzutreiben. Die schweben über den Schienen, ohne sie zu berühren, und erreichen Geschwindigkeiten von bis zu 600 km/h.

Elektromotoren

Sie befinden sich in vielen Maschinen, Werkzeugen und Haushaltsgeräten, die wir täglich benutzen.

Ein Elektromotor ist eine Maschine, die Elektrizität in Drehbewegung umwandelt.

Schicken wir elektrischen Strom durch eine Magnetspule, erhalten wir, wie eben gesehen, ein Magnetfeld und damit einen ELEKTROMAGNETEN.

Führen wir eine Achse durch einen Elektromagneten und platzieren einen zweiten Elektromagneten mit gleicher Polarität (1) daneben, stoßen sich die gleichen Pole ab, und der erste Elektromagnet dreht sich, bis die ungleichen Pole aufeinander ausgerichtet sind (2).

Ändern wir nun die Polarität des ersten Elektromagneten (3), sind die Pole plötzlich wieder gleich, stoßen sich ab, und der Elektromagnet rotiert von Neuem.

UND SO ENTSTEHT BEWEGUNG.

SPULEN

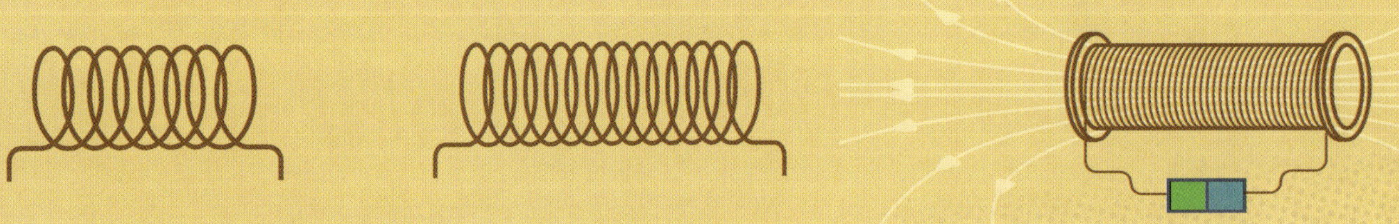

Je mehr Spiralen oder Windungen eine Magnetspule hat, desto größer ist das Magnetfeld, das sie erzeugt.

Eine SPULE ist eine Magnetspule mit vielen eng beieinander liegenden Windungen. Sie besteht in der Regel aus isoliertem Kupferdraht, der um einen Kern gewickelt ist, der entweder hohl ist oder aus einem eisenhaltigen Material hergestellt wird, um seinen Magnetismus zu verstärken. Für Elektromotoren verwendet man meistens Elektromagnete aus Spulen.

BAUANLEITUNG: ELEKTROMOTOR

Was brauchen wir?

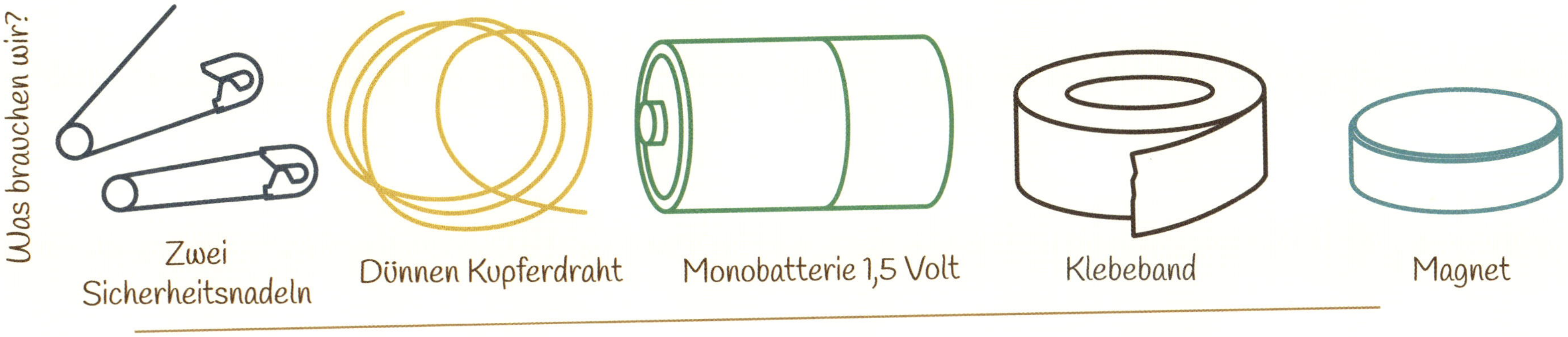

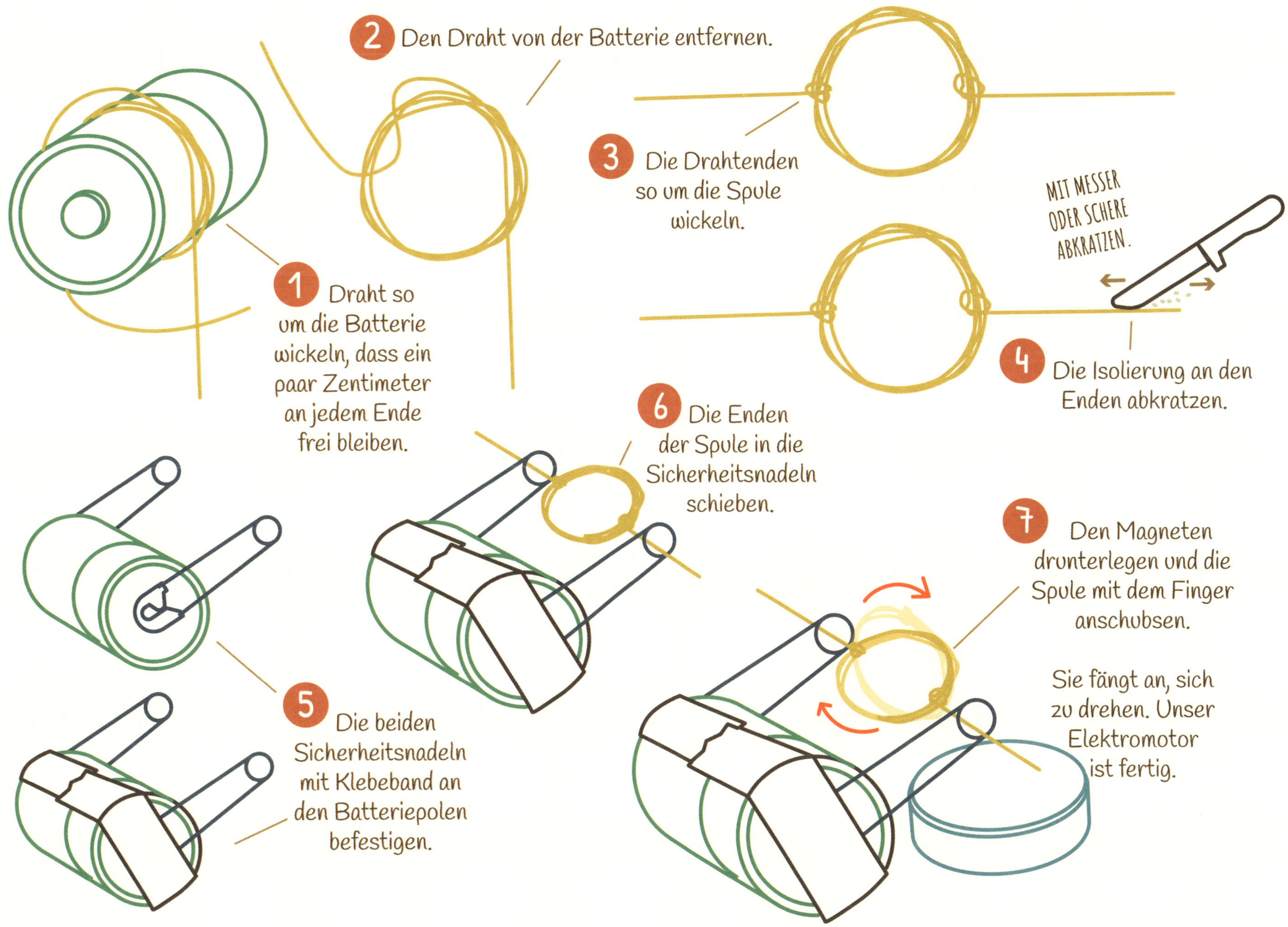

Warum sind manche Materialien magnetisch?

Elektrischen Ladungen (vor allem Elektronen) drehen sich in Atomen ebenso um sich selbst wie um den Kern. Diese Bewegungen erzeugen winzige elektrische Ströme, die ihrerseits minimale Magnetfelder erzeugen.

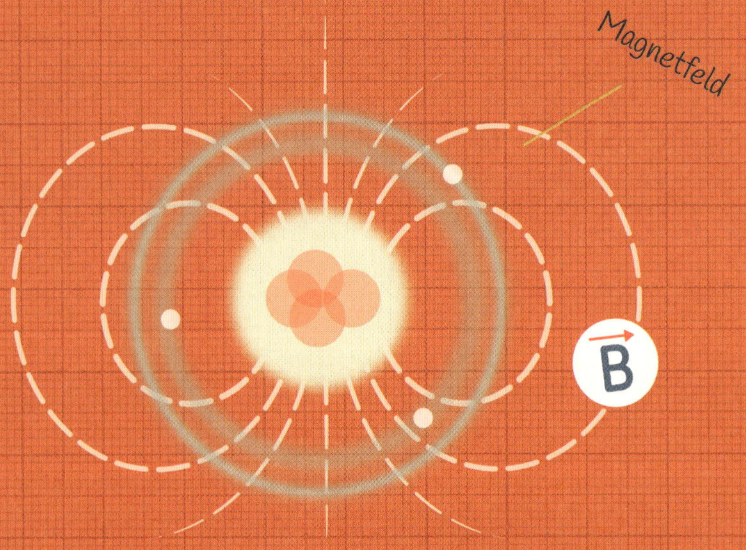

Deswegen kann ein Atom sich verhalten wie ein

MINIMAGNET.

André-Marie Ampère (1775–1836) hat als Erster behauptet, dass Magnete mikroskopische Ströme enthalten.

Wenn wir einen Magneten teilen, haben beide Teile wiederum zwei magnetische Pole, Nord und Süd – wir erhalten zwei Magnete. Teilen wir diese ein weiteres Mal, erhalten wir immer kleinere und schwächere Magnete.

Aber wie oft kann man das machen? Zerlegen wir die Teile des Magneten so lange, bis wir auf das kleinste Teilchen der Materie stoßen, liegt der Schluss nahe, dass sich auch die Atome eines Magneten wie Minimagnete verhalten.

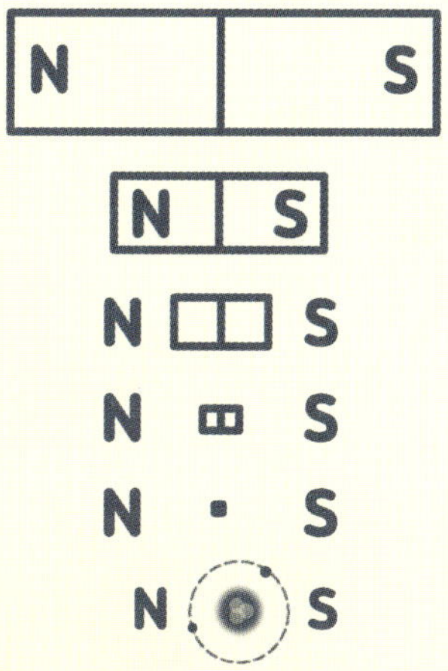

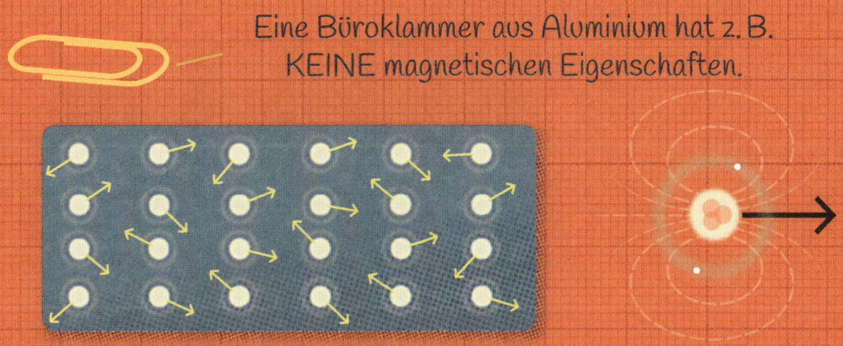

In den meisten Gegenständen zeigen diese Minimagnete in alle Richtungen, sodass sie sich gegenseitig aufheben und <u>nicht magnetisch</u> sind.

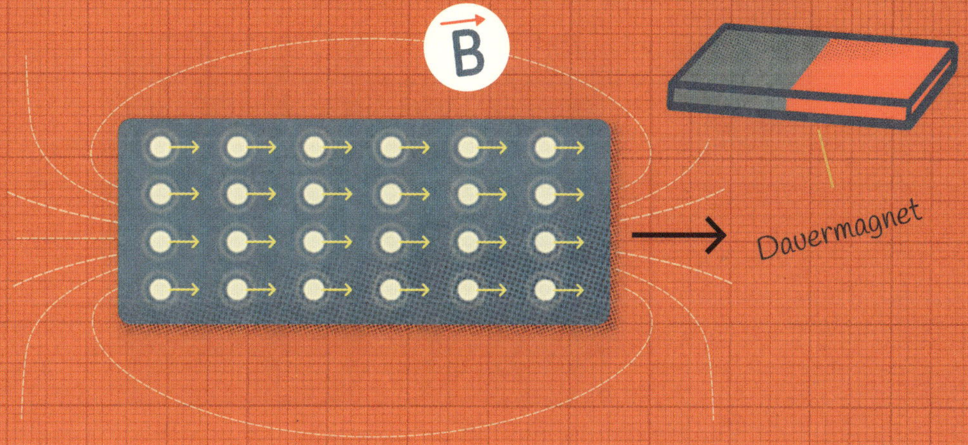

<u>In einem Dauermagneten</u> jedoch zeigen die Minimagnetfelder aller Atome in <u>dieselbe Richtung</u>, wodurch ein größeres Magnetfeld entsteht.

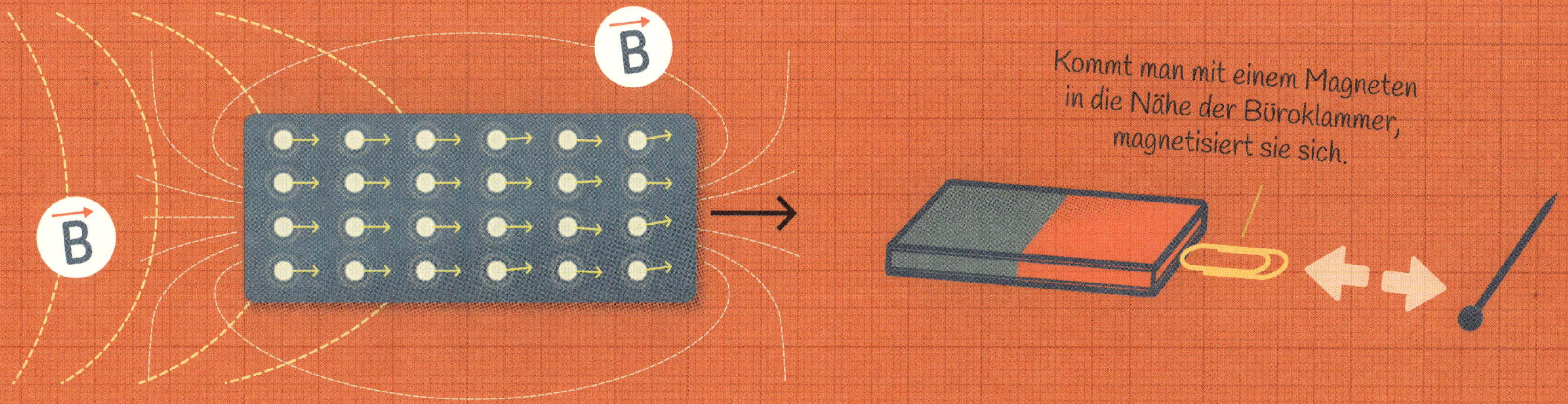

Einige Materialien wie Aluminium werden zu Magneten, wenn man einen Magneten in ihre Nähe bringt, weil sich ihre magnetischen Mikrofelder dann entsprechend ausrichten. <u>Entfernt man sie von dem Magneten</u>, geraten ihre atomaren Minimagnete wieder in Unordnung und <u>verhalten sich nicht mehr wie Magnete</u>.

Magnetismus erzeugt Elektrizität

Michael Faraday (1791–1867) war ein englischer Physiker, der sich mit Elektromagnetismus beschäftigte.

Ausgehend von Ørsteds Experiment schlussfolgerte Faraday, dass, wenn ein elektrischer Strom ein Magnetfeld erzeugt, vielleicht auch das Gegenteil passieren, das heißt Magnetismus Elektrizität erzeugen könnte.

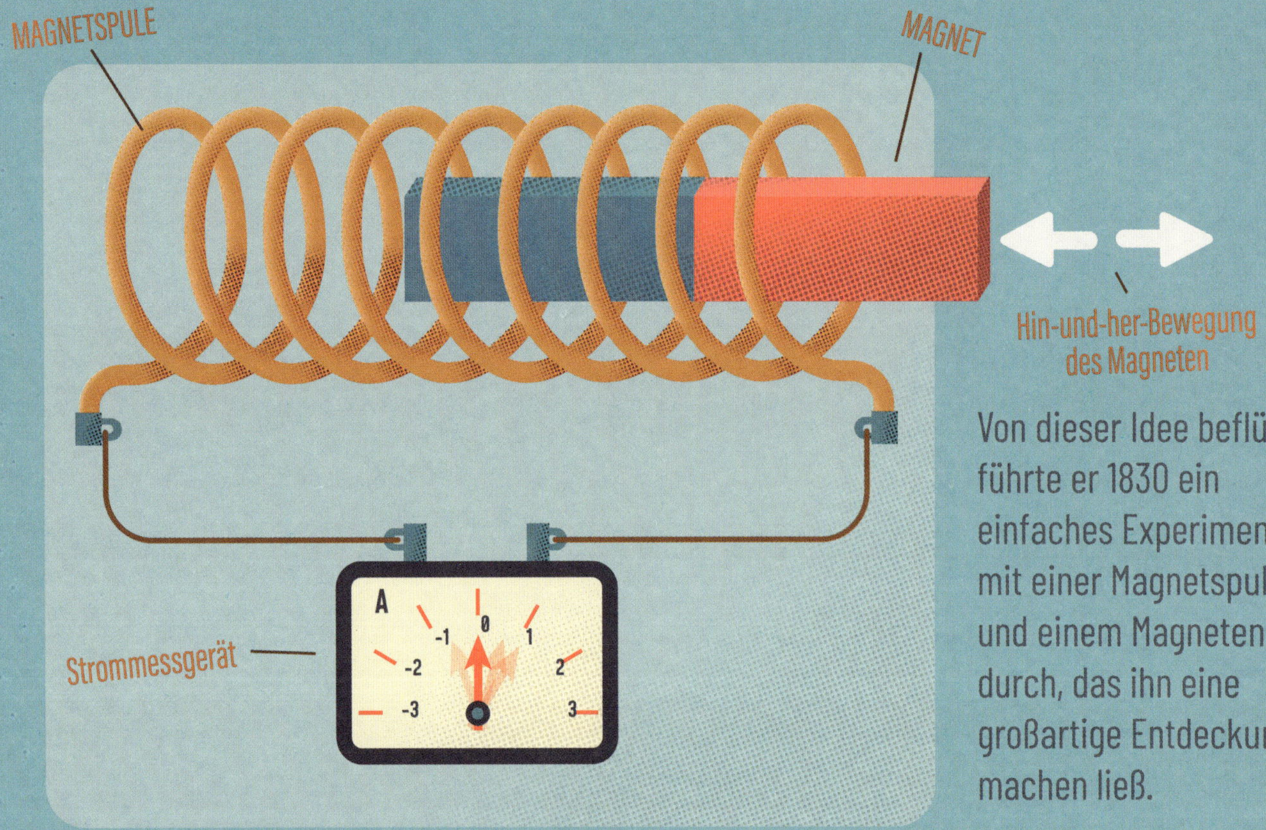

Von dieser Idee beflügelt führte er 1830 ein einfaches Experiment mit einer Magnetspule und einem Magneten durch, das ihn eine großartige Entdeckung machen ließ.

Er beobachtete, dass ein elektrischer Strom fließt, sobald der Magnet sich der Magnetspule nähert.

Auch wenn der Magnet sich von ihr wegbewegt, fließt ein Strom, allerdings in die andere Richtung.

Sobald der Magnet aufhört, sich zu bewegen, hört auch der Stromfluss auf.

Lassen wir den Magneten ruhen und bewegen stattdessen die Magnetspule von ihm weg oder auf ihn zu, geschieht das Gleiche: Es fließt ein elektrischer Strom. Es spielt also keine Rolle, was wir bewegen, die Magnetspule, den Magneten oder beide. Wichtig ist, dass sie sich im Verhältnis zueinander bewegen.

JE SCHNELLER DIE BEWEGUNG, DESTO STÄRKER DER STROM

MIT DIESEM EINFACHEN EXPERIMENT ENTDECKTE FARADAY DIE

ELEKTROMAGNETISCHE INDUKTION.

Dieses Phänomen besteht darin, dass ein elektrischer Strom in der Spule entsteht, wenn das Magnetfeld, das auf die Spule trifft, sich verändert (z. B. durch einen sich bewegenden Magneten).

Im selben Jahr 1830 entdeckte auch der amerikanische Physiker **Joseph Henry** (1797–1878), der Erfinder des Telegrafen, die elektromagnetische Induktion. Doch ließ er sich Zeit, seine Arbeit bekanntzumachen, und so wurde diese Entdeckung allein Faraday zugeschrieben.

Die elektromagnetische Induktion gehört zu den großen Entdeckungen der Menschheit.

Auf Grundlage dieser Erkenntnis produzieren wir den Großteil unserer Elektrizität.

STROMPRODUKTION

Heute nutzen wir Elektrizität für fast alles. Seit wir vor rund 250 Jahren gelernt haben, wie man sie erzeugt, hat sich die Nachfrage danach ständig erhöht.

Den Löwenanteil unseres Energiebedarfs decken wir mit Strom, den wir durch die von Faraday entdeckte elektromagnetische Induktion erzeugen.

Elektrischer Generator

Apparat, der Kreisbewegung (mechanische Energie) in Elektrizität (elektrische Energie) umwandelt

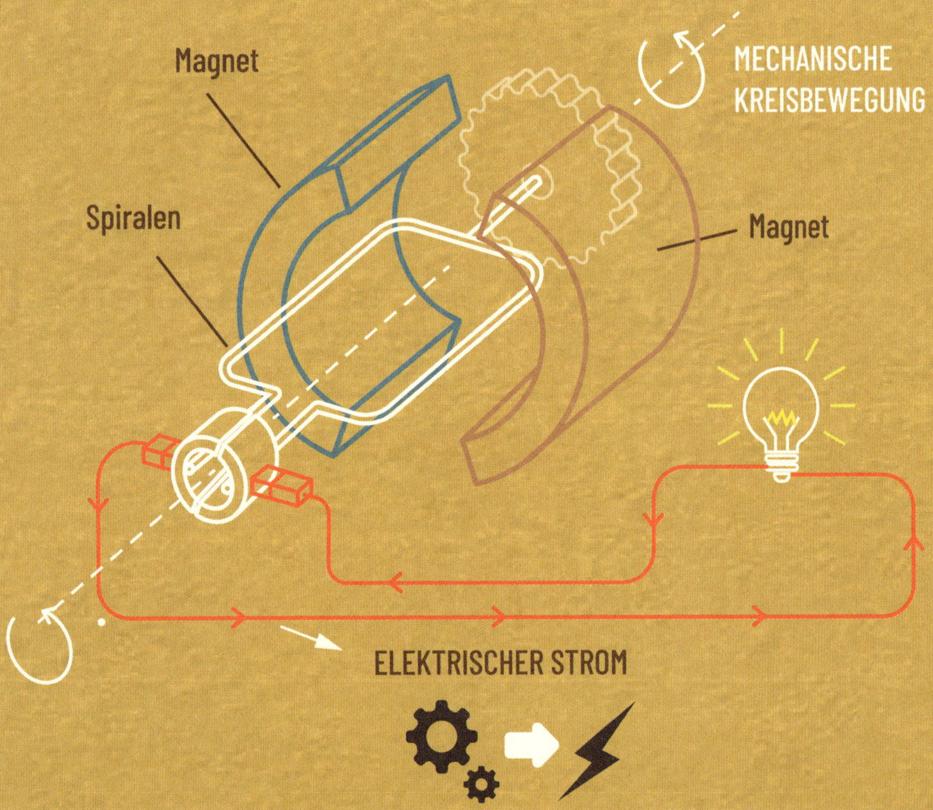

Wenn wir, ähnlich wie bei Faradays Experiment, eine Kupferdrahtspule in einem von einem Magneten ausgehenden Magnetfeld drehen, erzeugt dies einen elektrischen Strom. Merke: Es spielt keine Rolle, ob wir die Spule oder den Magneten drehen – das Ergebnis ist das gleiche. Wichtig ist nur, dass sie sich im Verhältnis zueinander bewegen.

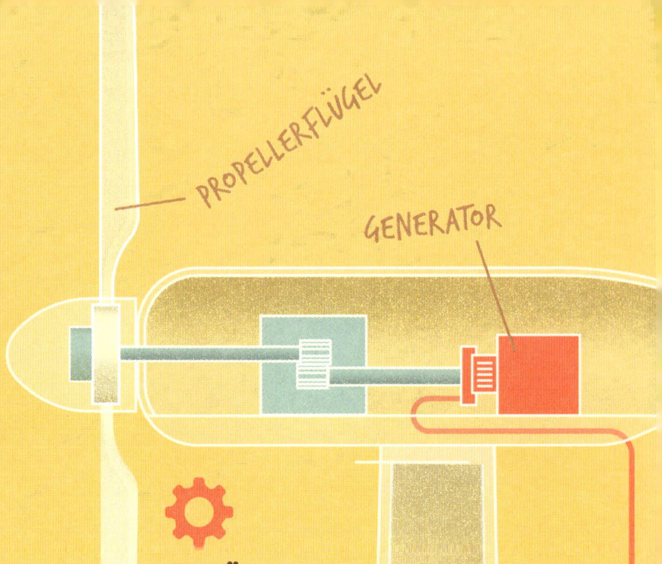

WINDRÄDER nutzen den Wind, um die Propeller und damit auch die Turbinen und Generatoren in Drehung zu versetzen.

WASSERKRAFTWERKE nutzen fließendes Wasser, um die Turbinen anzutreiben.

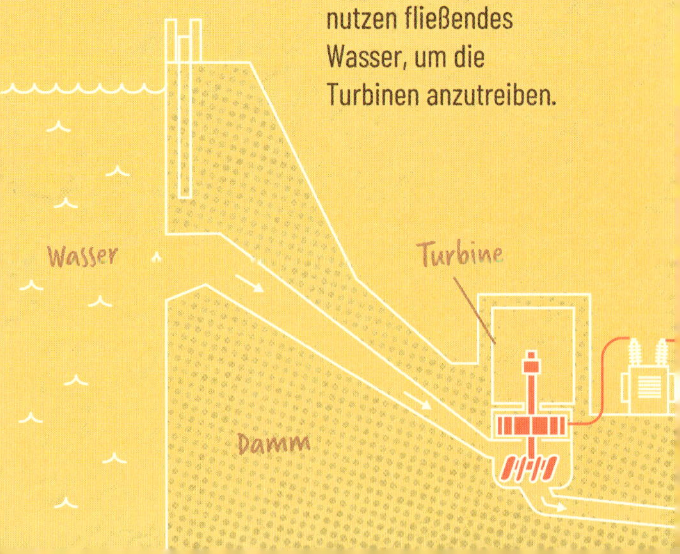

Es gibt unterschiedlich Kraftwerkstypen, die verschiedene Arten von Energie nutzen, um die Turbinen zu drehen. Aber im Grunde tun sie alle das Gleiche: Spulen in einem Magnetfeld kreisen lassen, um Strom zu erzeugen.

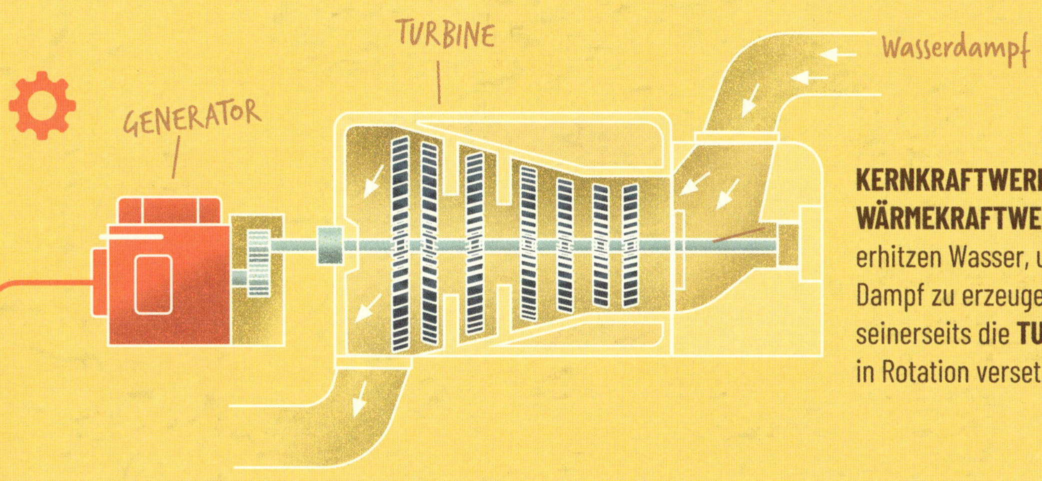

KERNKRAFTWERKE und **WÄRMEKRAFTWERKE** erhitzen Wasser, um Dampf zu erzeugen, der seinerseits die **TURBINEN** in Rotation versetzt.

TURBINEN

Eine Turbine ist ein Apparat, der die kreisförmige Bewegung eines Generators dazu nutzt, Elektrizität zu erzeugen.

STROMNETZ

Der in den Kraftwerken erzeugte Strom wird im Stromnetz über Kabel an Unternehmen und Haushalte verteilt, damit er dort genutzt werden kann, wo er gebraucht wird.

Um Strom effizient zu erzeugen und zu verteilen, werden IT-Systeme eingesetzt.

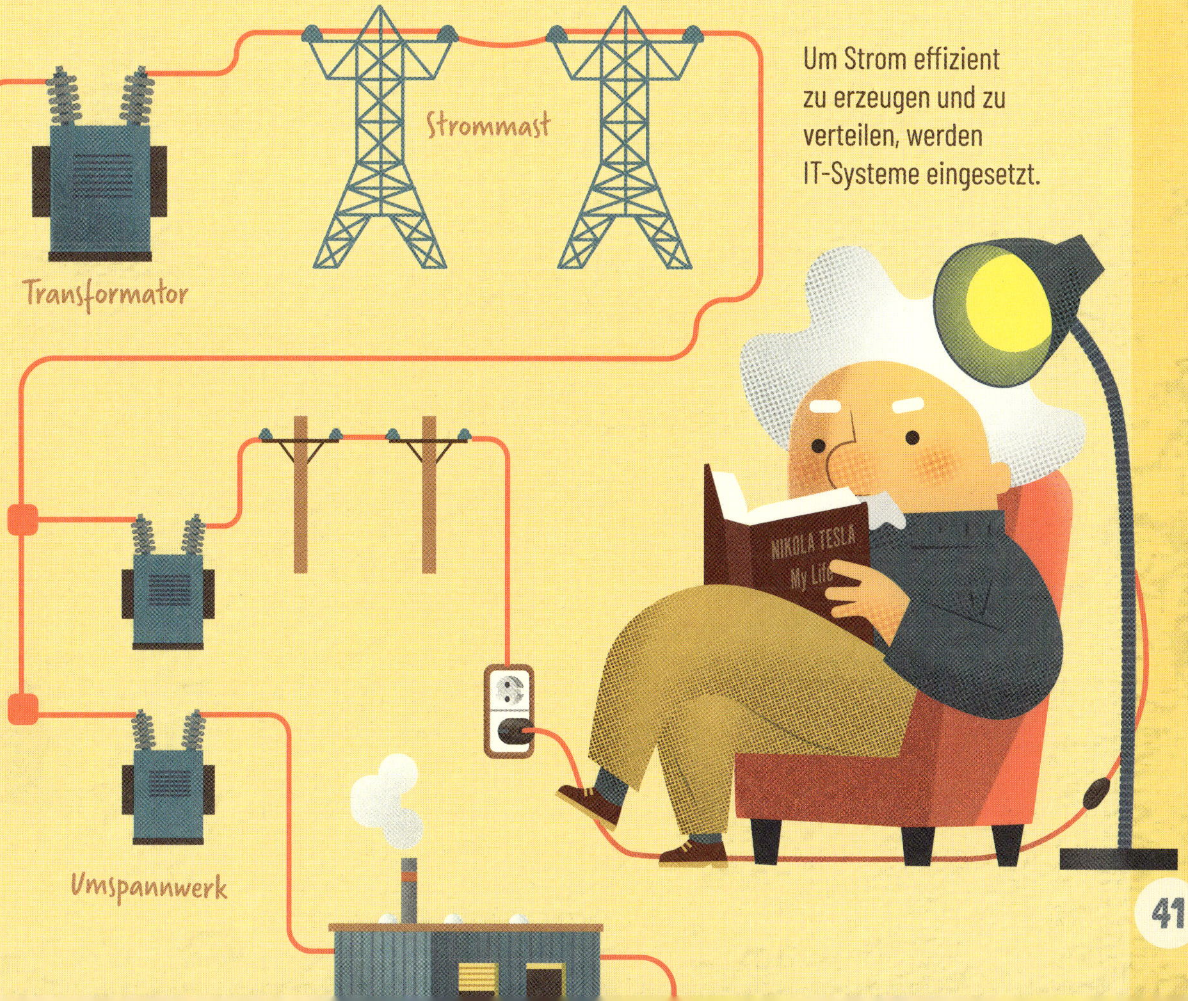

FELDER

Eines der Probleme, welches die Physiker des 19. Jahrhunderts beschäftigte, war die Erklärung von Kräften, die über eine Entfernung wirken. Wie kann eine elektrische Ladung eine andere anziehen oder abstoßen, ohne sie zu berühren? Und was führt dazu, dass ein Magnet Eisenteile aus der Ferne bewegt?

Um zu erklären, wie diese Dinge aus der Ferne wirken konnten, hatte Faraday eine brillante Idee: Er stellte sich vor, dass die Kräfte, die eine elektrische Ladung auf eine andere oder ein Magnet auf einen anderen ausübt, von Kraft- oder Feldlinien ausgehen könnten, die das erzeugen, was wir MAGNETFELD nennen.

Ein Magnet erzeugt ein Magnetfeld $\vec{B}$

Dieses Magnetfeld verursacht die Anziehungskräfte, die beispielsweise auf irgendwelche Aluminiumgegenstände in der Nähe wirken.

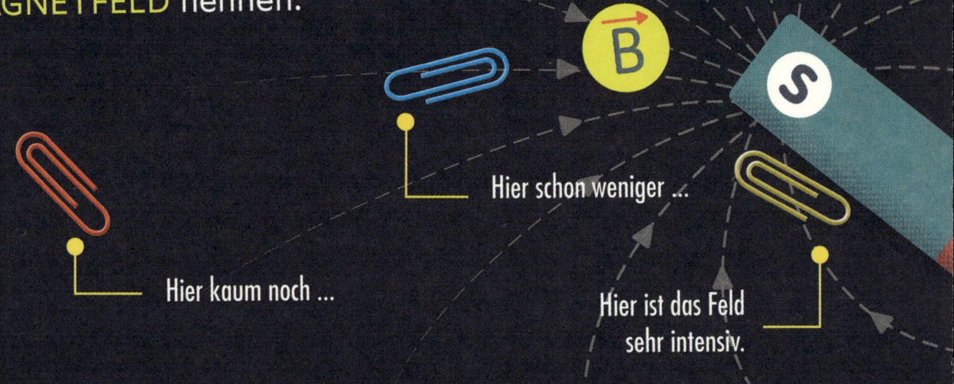

Elektrische Ladungen erzeugen ein elektrisches Feld $\vec{E}$

Befindet sich eine Ladung in einem elektrischen Feld, wirkt eine Kraft auf sie ein, die entweder anziehend oder abstoßend sein kann.

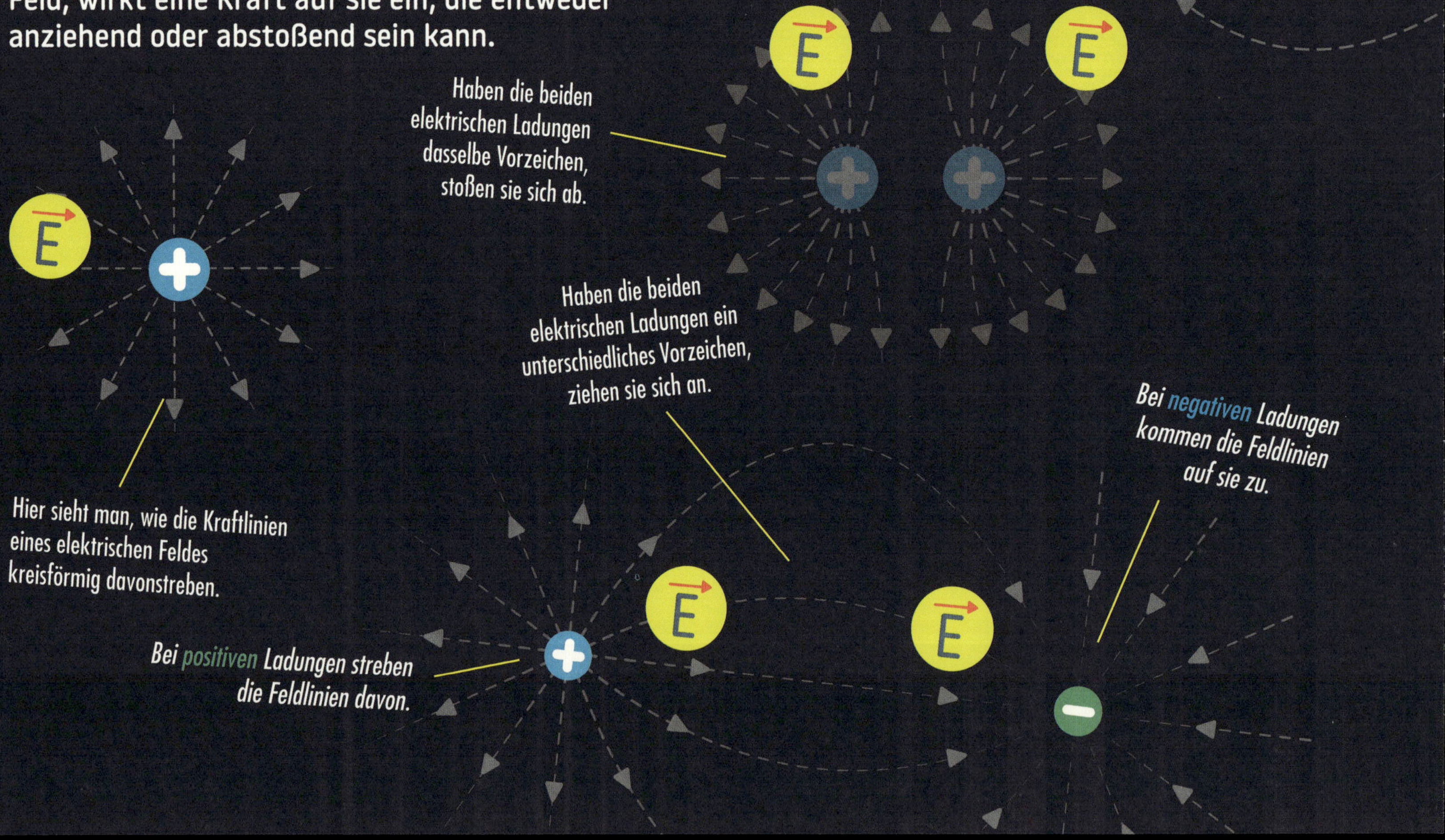

Ein Magnetfeld ist der Bereich, in dem elektrische Ladungen und Magnete ihre Wirkung entfalten.

Als Faraday seine Idee eines Feldes vorstellte, fand sie bei den Wissenschaftlern jener Zeit wenig Zuspruch (obwohl sie zu den wichtigsten Konzepten der modernen Physik gehört).

Faraday stammte aus ärmlichen Verhältnissen und hatte keine gute mathematische Ausbildung. Deswegen war er nicht in der Lage, eine seiner größten Intuitionen auszuarbeiten: eine Theorie, die Elektrizität und Magnetismus vereinte.

Es war James Clerk Maxwell (1831–1879), der diese Aufgabe übernahm.

Maxwell war ein brillanter schottischer Physiker und Mathematiker, der Faradays Ideen sehr ernst nahm. Seine ausgezeichneten mathematischen Kenntnisse ermöglichten ihm, seine vier „berühmten" Gleichungen zu formulieren, die alle elektrischen und magnetischen Phänomene beschreiben. Das heißt alles, was über elektrische Ladungen und Magnete bekannt war, sowie die Experimente von Ørsted und Faraday.

Diese Gleichungen basieren auf der Idee des Feldes und fassen Elektrizität und Magnetismus in einem einzigen Zweig der Physik zusammen:

DEM ELEKTROMAGNETISMUS.

Der Zauber der Maxwell-Gleichungen besteht darin, dass sie ALLE elektromagnetischen Phänomene mithilfe des elektrischen Feldes $\vec{E}$ und des magnetischen Feldes $\vec{B}$ erklären.

ELEKTROMAGNE

Als Maxwell seine Gleichungen anwandte, erlebte er eine Überraschung: Sie legten den Schluss nahe, dass es elektrische und magnetische Wellen geben musste, also elektromagnetische Wellen.

WAS IST EINE WELLE?

Sie ist die Ausbreitung einer Störung durch den Raum und enthält Energie, aber KEINE Materie.

Werfen wir z. B. einen Kieselstein in einen Teich, erzeugt die durch den Aufprall ausgelöste Störung konzentrische Wellen, die sich im Wasser ausbreiten.

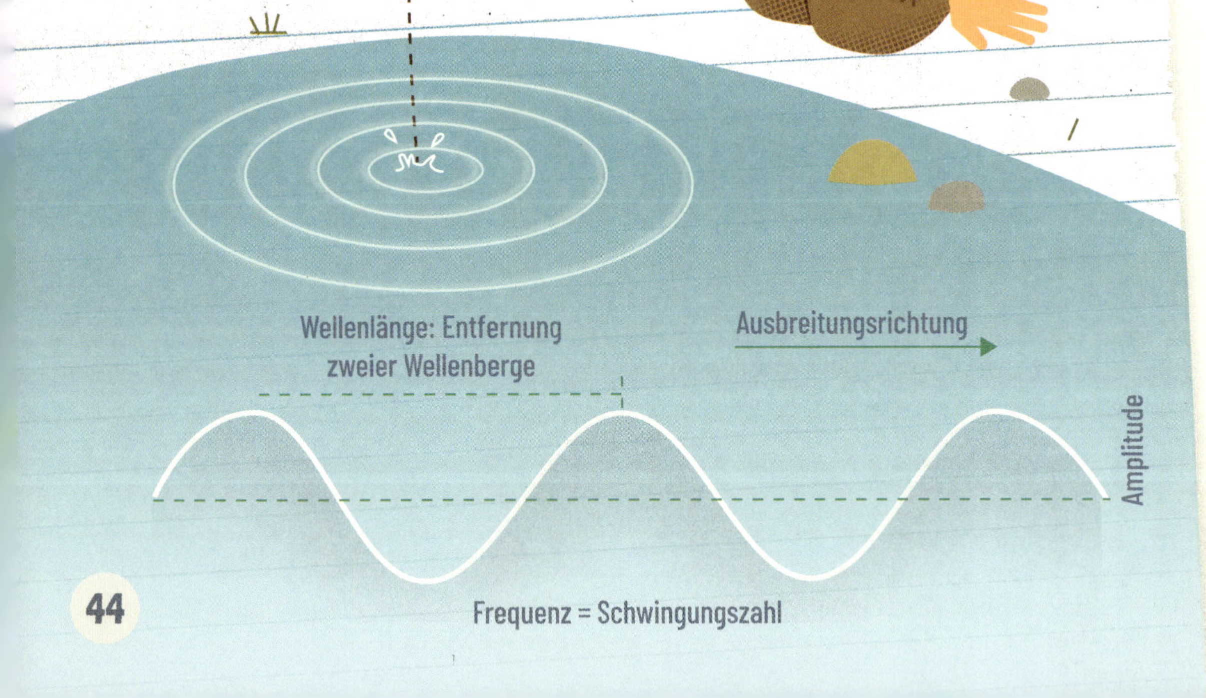

VI: Schwingen wir ein Seil an einem Ende, breitet sich die Energie entlang des Seils aus – in Form von Wellen.

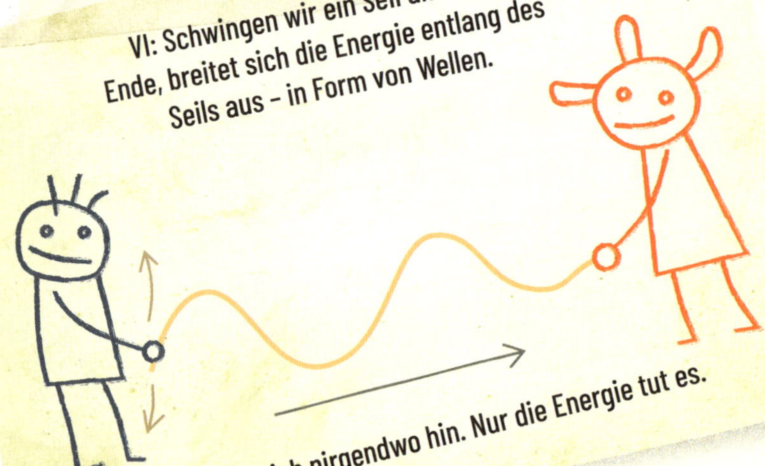

Das Seil bewegt sich nirgendwo hin. Nur die Energie tut es.

Genauso funktioniert eine elektromagnetische Welle, bloß wird sie auf andere Weise erzeugt und hat besondere Eigenschaften.

Versetzen wir eine elektrische Ladung (z. B. ein Elektron) in Schwingung, erzeugen wir ein variables elektrisches Feld, das, wie wir gesehen haben, ein variables Magnetfeld erzeugt.

Dieses Magnetfeld induziert wiederum ein elektrisches Feld, das von Neuem ein magnetisches Feld erzeugt – und so weiter.

TISCHE WELLEN

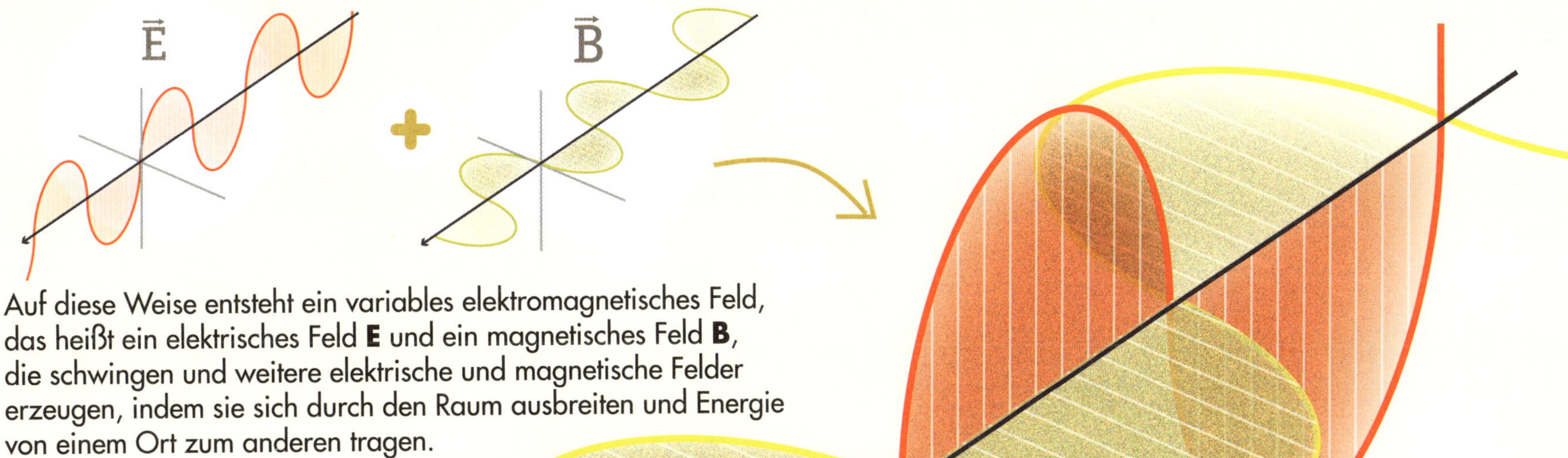

Auf diese Weise entsteht ein variables elektromagnetisches Feld, das heißt ein elektrisches Feld **E** und ein magnetisches Feld **B**, die schwingen und weitere elektrische und magnetische Felder erzeugen, indem sie sich durch den Raum ausbreiten und Energie von einem Ort zum anderen tragen.

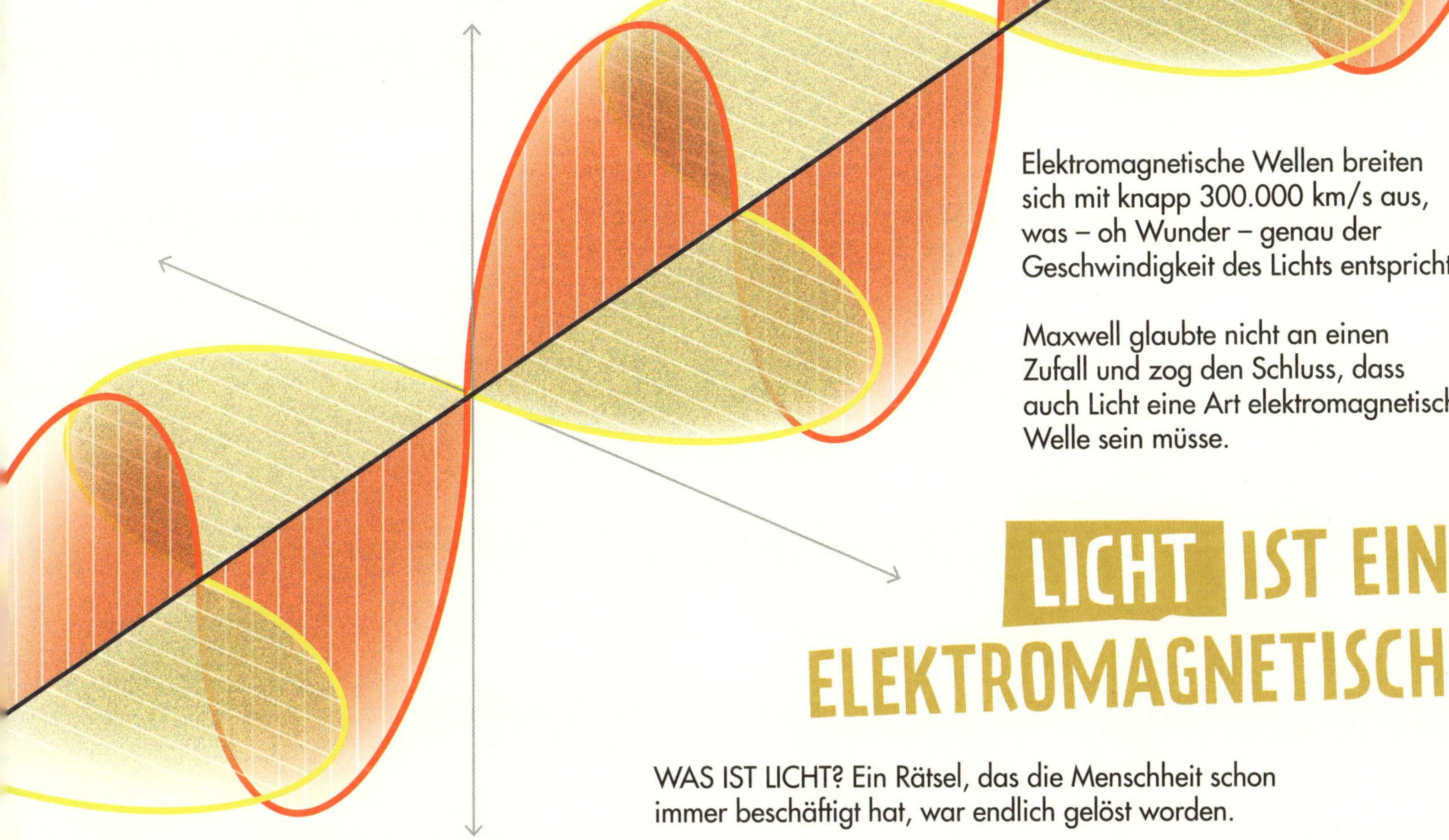

Elektromagnetische Wellen breiten sich mit knapp 300.000 km/s aus, was – oh Wunder – genau der Geschwindigkeit des Lichts entspricht.

Maxwell glaubte nicht an einen Zufall und zog den Schluss, dass auch Licht eine Art elektromagnetische Welle sein müsse.

LICHT IST EINE ELEKTROMAGNETISCHE WELLE.

WAS IST LICHT? Ein Rätsel, das die Menschheit schon immer beschäftigt hat, war endlich gelöst worden.

Wobei *sichtbares* Licht nur derjenige KLEINE Teil der elektromagnetischen Wellen oder Strahlung ist, den wir mit unseren Augen sehen können.

Auf der nächsten Seite erklären wir das elektromagnetische Spektrum.

Das elektromagnetische Spektrum

Das elektromagnetische Spektrum ist die nach Wellenlänge geordnete Gesamtheit aller elektromagnetischen Wellen.

Je kürzer eine Welle ist, desto schneller schwingt sie (desto höher ist ihre Frequenz) und desto mehr Energie hat sie. Umgekehrt gilt: Je länger eine Welle ist, desto langsamer schwingt sie (desto niedriger ist ihre Frequenz) und desto weniger Energie hat sie.

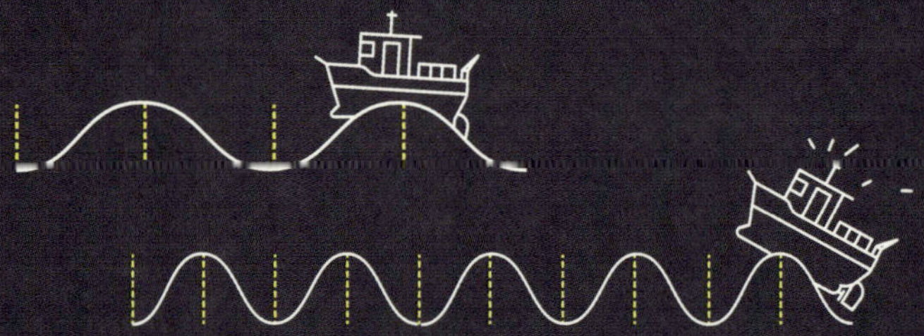

Es ist anders, bei ruhiger See mit wenigen Wellen (niedrige Frequenz) zu schippern als bei rauer See mit vielen Wellen (hohe Frequenz).

Mit elektromagnetischen Wellen ist es genauso: Manche, wie Radiowellen, sind lang und schwingen langsamer, andere, wie Gammawellen, sind extrem kurz und schwingen superschnell.

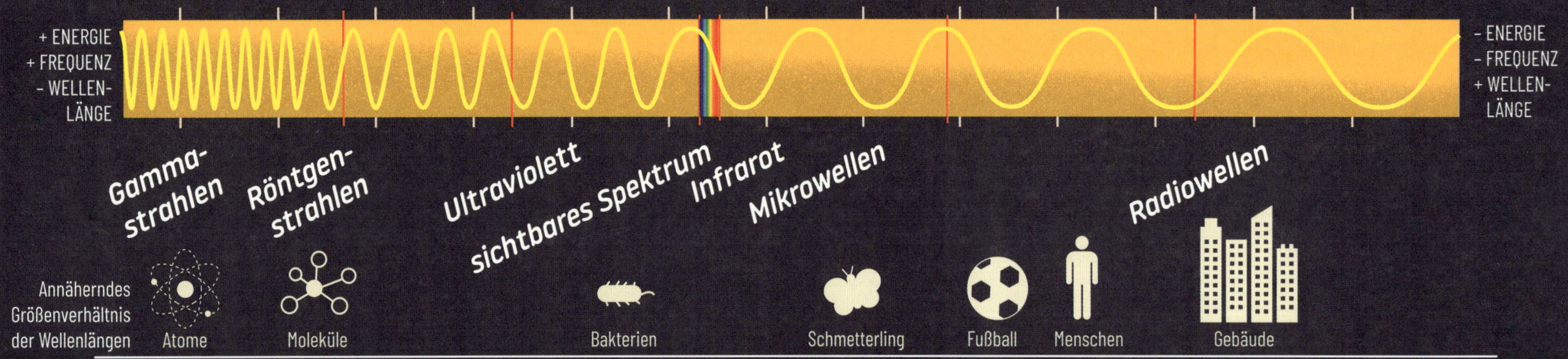

Ein Großteil der vom Menschen genutzten Technologie basiert auf Apparaten, die elektromagnetische Wellen aussenden oder empfangen können.

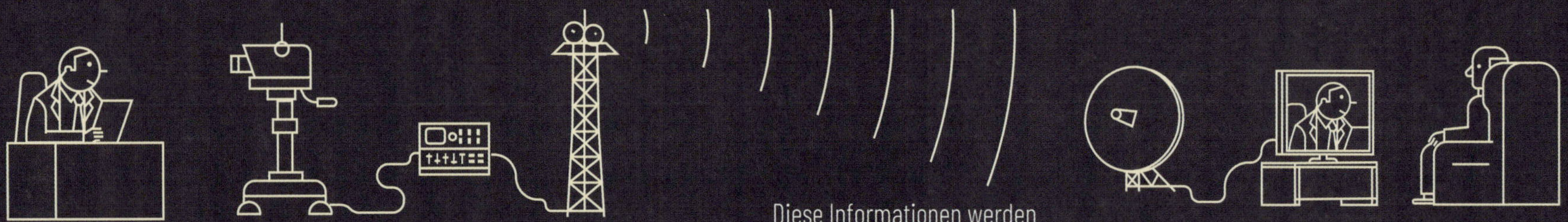

Etwa bei TV-, Satelliten- und Radiosendungen ▶ In Aufnahmestudios, in denen das Ton- und Bildmaterial produziert wird ▶ Diese Informationen werden in Form elektromagnetischer Wellen ausgesendet, die sich im Raum ausbreiten. ▶ Empfangsgeräte nehmen diese Signale auf und wandeln sie wieder in Bild- und Toninformationen um.

Außerdem verwenden wir elektromagnetische Wellen, um Lebensmittel in Mikrowellen zu erhitzen, um Daten zu empfangen und mit Mobiltelefonen zu kommunizieren, um zu wissen, wo wir uns gerade befinden (GPS), um Röntgenaufnahmen zu machen, in Infrarot-Fernbedienungen und in vielem mehr.

AUCH WIR SIND ELEKTROMAGNETISCH

Die Welt um uns herum besteht aus Atomen: Wasser, Erde, Luft, Gestein, Metalle, Bücher, Tiere, Pflanzen, wir Menschen ... kurz gesagt: ALLES. Und das bedeutet, dass alles aus elektrisch geladenen Teilchen besteht, die miteinander wechselwirken.

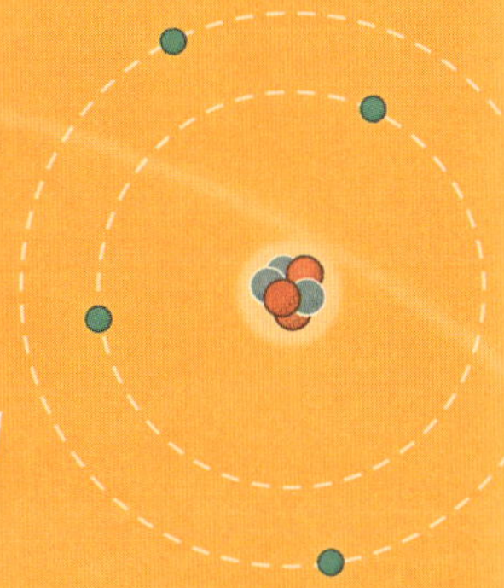

Wenn wir etwas berühren (egal was, einen Ball, ein Tier, Wasser), verdanken wir das der Abstoßungskraft zwischen den Elektronen in den Atomen des Objekts und unseren eigenen.

Genauer gesagt berühren wir eigentlich nie etwas wirklich.

Obwohl wir ein Atom so zeichnen, um es leichter zu verstehen, sind der Kern und die Elektronen in Wirklichkeit viel kleiner und der Abstand zwischen ihnen viel größer.

Stellt euch vor: Dank des Elektromagnetismus könnt ihr euer Haustier streicheln, ohne es wirklich zu berühren.

In der Tat besteht der größte Teil des Atoms aus leerem Raum, und es sind die elektromagnetischen Wechselwirkungen, die dafür sorgen, dass die Elektronen um den Kern kreisen.

Der größte Teil des Atoms ist leer!

Das bedeutet:

Das Meiste von allem (auch von uns!) ist hohl!

STELLT EUCH VOR, ES GÄBE KEINEN ELEKTROMAGNETISMUS ...

Gäbe es keine elektrische Abstoßungskraft zwischen den Elektronen in den Atomen, könnten wir durch Wände gehen oder im Boden versinken, denn keine Kraft würde uns zurückhalten.

Ja, ohne den Elektromagnetismus gäbe es sogar nicht mal Atome, und das Universum wäre ganz anders, als wir es kennen.

DANK

Sheddad – Meinen Referenzphysikern **Diego Murado** und **Carles Munoz** für die kritische Durchsicht dieses Buches.

Julia Jurado Alemany für ihren Überblick und dafür, dass sie mich auf das hingewiesen hat, was ich übersehen habe.

Mariona Esquerda Ciutat für ihre Wertschätzung sowie ihre brillanten und lehrreichen Videos auf ihrem YouTube-Kanal „La Dimoni de Maxwell".

Helena für die Überarbeitung und Korrektur des Textes und dafür, dass sie immer da war. Und natürlich **Inma**, **Tarek** und **Unai**. Ich liebe euch alle.

Eduard – Tausend Dank von mir allen Menschen, die dieses Buch möglich gemacht haben, vor allem **Meli**, aber auch **Pere**, **Lourdes** und **Ariadna** für ihre ständige Unterstützung und unendliche Geduld.

Außerdem danke ich meinen „Betatestern" **Xavi Villanueva** und **Picu Oms**, die so freundlich waren, das anzumerken, was uns nicht aufgefallen war.

Und **Michael Faraday**, **Thales von Milet**, **Benjamin Franklin**, **James Clerk Maxwell** ... und ganz allgemein allen Männern und Frauen, die sich der Wissenschaft verschrieben und mit ihrer Arbeit dazu beigetragen haben, dass wir in Zukunft immer mehr Menschen erreichen können.